교사와 학부모 그리고 아이들

교사와
학부모
그리고
아이들

문제 행동을 바라보는 서로 다른 시선과 갈등 조정

이주영·고흥락 지음

지식프레임

프롤로그
Prologue

초등 담임교사로 시작한 교직

초등학교에 발령을 받아 학교생활을 시작하였다. 초등에서는 주로 담임교사로 1년 동안 아이들과 학부모를 만나면서 동학년 선생님들과 가족적인 분위기를 형성한다. 30년 전엔 그랬다. 내가 초등교사로 근무했던 시절에는 학생들이 심리적으로 건강하여, 힘들게 하는 아이는 있었어도 ADHD나 분노 조절 장애, 정신적인 어려움을 겪는 아이는 거의 없었다.

학부모들도 협조적이어서 민원에 대한 고민도 없는 편이었다. 비 오는 날 선생님 출출하시다며 부침개를 해오던 학부모의 웃는 얼굴을 보며 아이들에게 받았던 스트레스를 풀던 시절이었다. 지금 생각하면 행복한 학교생활이었다. 교육에 대한 고민뿐만 아니라 수다를 떨 마음의 여유가 있었고, 후배 교사의 어려움을 도와주는 든든한 선배들이 많았다.

지금은 중등 전문상담교사로

전문상담교사로 전직했을 때 누가 물었다. 왜 전직했는지, 선택은 어떤지. 농담으로 교실 뒤판을 갈기 싫어서라고 했다. 컴퓨터도 흔치 않은 시대였으니, 나처럼 미적 감각과 재주가 없는 선생은 힘들었다.

대학원에서 상담을 공부한 뒤, 선생님이 행복해야 아이들도 행복하다는 생각으로 집단 상담 연수를 진행했는데, 아주 재밌고 신났다. 선생님들의 반응도 뜨거웠다. 그때 내가 상담에 적성이 있구나! 하는 생각을 했다. 그 무렵 상담교사 전직 제도가 생겼고 망설임 없이 이 길을 선택했다.

위센터에 근무할 때는 학생의 심리 행동적 특성 이해를 위한 교사 연수를 주로 했다. 호응도 좋았다. 그보다 더 행복했던 것은 학생 심리 행동에 대해 학교급별로 선생님들의 다양한 목소리를 들을 수 있다는 점이었다. 이를 통해 보다 넓고 깊은 관점을 가지고 통합적으로 학교를 보게 되었다.

처음으로 중학교에서 근무할 때는 초등과 다른 분위기, 중학생을 잘 모르는 게 아닌가 하는 불안한 눈빛으로 이리저리 살폈다. 시간이 지나면서 초등 경력이 중학생을 이해하는 데 오히려 도움이 되었다. 내가 담임으로 만났던 초등학생들이 어떻게 변하고 자라는지, 문제 행동은 어떻게 진행되는지, 교사의 역할은 어떻게 달라져야 하는지 알게 되었다.

중학교 1학년 아이의 모습은 귀엽다. 6학년 때 그렇게 어깨 힘주고 선생님께 대들고 나대던 아이들은 어디로 갔는지, 세상 순하고 착한 표정을 짓는 모습이라니! 이 모습을 6학년 담임이 봤다면 분명 배신감을 느낄 것이다. 아이들의 초등 모습에 대해 말해 주면 중학교 선생님들도 귀엽다면서 즐거워한다. "중1은 초 7학년이군요!"라며.

중학생은 대부분 같은 초등학교에서 올라오기 때문에 간혹 해묵은 갈등을 터트릴 때가 있다. 차곡차곡 적립된 친구 갈등이 터졌을 때, 초등학교 시절 관계를 탐색하면 해결의 실마리가 보인다. 초등 아이들의 특성을 아니까 더 잘 이해되는 면이 있다.

초·중·고등학생을 모두 만나본 결과, 초등학교에서는 분노 조절이 어렵거나 자해하는 아이들이 증가하고, 자녀의 문제를 인정하지 않는 학부모가 많다. 중학생은 친구 관계와 사춘기로 인한 심리 행동 변화가 주를 이루고, 등교를 거부하거나 수업을 방해하는 산만한 아이들이 늘어나는 추세다. 정신과적 문제도 늘어난다. 이전에 산만한 아이들의 수업 방해로 초등 선생님들이 골머리를 앓았던 것처럼 지금은 중학교가 그렇다. 고등학생은 초·중학교부터 시작된 문제로 심각한 정신 질환과 학업 스트레스로 인한 자퇴나 등교 거부가 많다.

어떤 초등 선생님이 교실에서 아이들을 가만히 앉아 있게 통제한다고 했다. "그렇게 숨 막혔던 아이들이 중학교에 오면 아주 크게 숨을 쉽니다." 그 말에 모두가 빵 터졌다. 언젠가는 터지고 마는 총량의 법칙이 작용하는 것 아닐까.

이처럼 초·중·고등학생의 심리행동 특성에 전반적인 차이는 있지만, 세부 문제 행동을 들여다 보면 학교급 차이가 크지 않다. 특히, 정도의 차이는 있지만 학부모 상담에 대한 부담은 대부분의 교사가 가지고 있으며, 치료가 필요한 아이의 부모를 설득하는 것 또한 모두 어려워한다.

2014년 안산의 기억

세월호 사고가 났던 2014년, 안산 위센터에서 형제자매 학생 상담과 이를 위한 상담 인력 배치, 선생님들의 마음 치유 등의 일을 했다. 시스템 부재로 인한 혼란과 외부 지원팀의 비교육적인 모습을 보면서 회의감이 많이 들던 날들이었다. 어떻게 이런 일이, 어떻게 사람이! 하는 생각을 많이 했었다.

내가 가르친 제자가 아니라도 학생을 하루아침에 잃은 선생이었던 나 자신을 다독이거나 돌볼 겨를조차 없었다. 그렇게 시간은 흘렀고 아픔을 간직한 채 조금씩 잊혀져갔다. 3년쯤 지난 어느 날, 문득 터널에서 구급차 소리를 듣는 순간 쏟아지던 눈물을 주체할 수 없었다. 엉엉 소리 내어 울고 나서야 '아, 나도 위로받았어야 하는 사람이었구나! 여전히 아픈 기억이 사라진 게 아니었구나!' 하는 생각을 했다. 한동안 안산에 가지 못했고, 가지 않았다. 여전히 불쑥 올라오는 울컥함을 마주하고 싶지 않았다. 그렇게 10년이라는 시간이 지난 지금, 아직까지 참사를 뉴스로 보지는 못하지만 다소 편안한 마음으로 이 글을 쓸 수 있어 감사하다.

위기 업무 담당 장학사

이후 교육청 차원에서 마련된 지원 시스템은 위기 예방과 효과적인 대응에 중요한 역할을 하였지만, 세월호 경험이 나에게 어떤 영향을 미쳤는지는 관심을 두지 않았다. 그러다 임기제 장학사로 자살(자해) 업무를 맡으면서 알게 되었다. 세월호 때 다양한 지원 활동을 하면서 나의 위기관리 대처 능력은 향상되고 체화되어 있었다. 순간순간 변하는 상황으로 인한 혼돈과 막막함 속에서 때로는 혼자서, 가끔은 함께 대응하면서 전문성이 생긴 것이었다.

자살 시도 학생 문제로 선생님들과 통화하면 많은 분이 무서워하고 죄책감을 느낀다. 그때마다 '자살 시도를 한 아이를 위해 우리가 할 수 있는 일은 치료비 지원과 부모님 위로, 그 아이의 회복을 위한 간절한 마음'이라는 말씀을 드렸다. 자살로 제자를 잃은 선생님이나 학교 심리지원을 할 때 늘 "선생님 잘못이 아닙니다. 불가항력적인 일이었습니다."라고 말했다.

자살(시도) 발생 학교에 긴급 심리지원을 할 때마다 학생 자살로 어려움을 겪는 아이들과 선생님의 트라우마(불안) 해결을 위해 최선을 다했다. 내가 할 수 있는 일이 그것밖에 없음이 안타깝고 마음 아팠다. 프로그램 협의나 특별 상담실 운영을 마무리한 후, 교육지원청 장학사와 선생님들이 "아이들이 심리적으로 안정을 찾아가고 있어요. 학교를 도와주셔서 감사해요. 안심됐어요."라고 할 때 지친 마음을 위로받았다.

자살과 달리 비자살성 자해는 의도와 목적, 시도 방법과 심각성,

행동 빈도와 인지(정서) 상태를 이해하면 학교에서 대응할 수 있으며 효과도 있다. 학급 아이의 자해로 고민하는 담임과 통화할 때는 구체적인 상황을 여쭙고, 자살 시도와 다른 것이 무엇인지, 어떤 도움을 줄 수 있는지 등을 안내한다. 그제서야 선생님은 안도하고, 마음의 짐을 내려놓는다. 그때 교사들이 비자살성 자해와 자살 시도의 차이를 안다면, 학생의 자해를 발견했을 때 덜 당황하면서 대처할 수 있을 것이다. 이런 이유로 연구년에 개인 연구로 '담임 교사의 비자살성 자해 학생 대응 경험'을 연구하였으며, 그 내용은 이 책에 한 꼭지로 담았다.

다시 학교에서 동료 교사와 함께

3년의 장학사 임기를 마치고 2022년 가을, 다시 학교로 왔을 때 조금은 낯설었다. 어색했다. 코로나를 겪은 아이들은 에너지를 주체하지 못해 시도 때도 없이 표출하고, 반대로 위축된 아이들은 자신의 마음이 힘듦을 온몸과 마음으로 드러냈다. 지친 선생님들이 아이들 때문에 속상해 할 때면, "이 아이들은 살아 있고 학교에 오잖아요! 힘을 주체하지 못해 날뛰는 것이니, 조금만 참아봐요."라는 위로 아닌 위로를 할 만큼, 살아서 선생님께 대들고, 반항하는 아이들이 사랑스러웠다.

나는 학생 상담 전후에 학생에 대해 잘 알고 있는 담임과 의논한다. 학부모 상담은 시간을 조율하여 늘 담임과 함께한다. 상담교사인 내가 아이를 보는 관점과 담임이 바라보는 교실에서의 모습이 다르므로 보다 풍성한 대화로 학부모와 상담할 수 있기 때문이다. 그러면 문제 해결도 쉬워지고 서로가 있어 든든하기도 하다.

근무한 중학교 두 곳에서 전문적 학습공동체를 진행했다. 저경력 교사가 많았던 학교에서는 '회복적 생활교육'을 공부했다. 교사 치유 서클 때 함께 웃고 울면서 서로 위로받았다. 다른 학교에서는 '학생 심리 행동 이해'란 주제로 요즘 아이들의 특성을 공부하고, 근무했던 학교 아이들을 대입해 보았다. 학교에서 섬으로 동떨어진 위클래스와 상담교사가 아니라 윤활유 역할을 하고자 했다. 이는 학급 아이들의 문제와 고민을 함께 나눠준 선생님들 덕분에 가능한 면도 있다.

최근엔 선생님들과 함께 타로 공부를 했다. 이름하여 '타로하는 담임샘'이다. 이때 알게 된 것은 인터넷 유료 타로 상담 주고객이 청소년이라는 것과 점술적인 의미로만 타로를 해석한다는 것이었다. 선생님들과 공부해 보니, 치유적으로 활용할 점이 많았다. 즐겁게 공부했으니, 타로를 상담에 활용해 볼까 한다.

학생을 바라보는 관점

전문상담교사인 내가 학생을 바라보는 첫 번째 관점은, 문제 행동을 하는 아이는 자신이 감당할 수 없는 아픔이나 상처를 견디다 못해 터뜨린다는 점이다. 원인을 제공한 사람은 대부분 부모지만 그들도 자녀를 잘 키우고 싶어 최선을 다할 때가 많다. 요즘 아이들은 스스로 견딜 수 있는 아픔이나 상처의 크기가 점점 더 좁아지고 작아지고 있다.

다음은 상처가 큰 아이일수록 상담교사 혼자가 아닌, 부모와 담임, 학교가 함께 도와야 한다고 생각한다. 선생님을 괴롭히는 공격적인 행동을 하는 아이가 다른 학교로 가면 평화가 찾아온다고 말한다. 그 학급과 학교의 평화는 올지 몰라도, 그 아이를 받은 학교는 무슨 죄인가? 어차피 우리는 그 아이와 같은 시대를 살아가야 한다. 그 아이를 내친다고 해도 다른 시대 다른 장소에서 살아갈 수 없다.

세 번째는 아이 스스로 움직이지 않으면 어떠한 변화도 일어나지 않는다는 것을 강조한다. 스스로 변하려고 노력한다면, 느려도 그 아이는 성장한다. 상담을 의뢰하려는 선생님과 학부모에게도 아이의 자발성이 중요함을 알린다. 강제로 위클래스에 온 아이에게도 선택권을 준다. '하기 싫으면 안 해도 된다. 원하면 언제든 환영이다.' 자발성을 강조하면, 뜻밖에도 스스로 상담실을 찾아오는 아이들이 많아진다.

조금은 마음이 넓어진 교사가 되기까지

나는 처음부터 학생을 존중하고 이해하는 마음이 있었던 교사가 아니었다. 내 기억이 맞다면 많이 권위적이고 폭력적이었을 수도 있다. 초등학교에 발령받았을 때 '내가 이끌 테니 무조건 따르라'는 유형이었다. 뜻대로 학급 운영을 잘한다고 생각할 무렵 아이들을 통제하기 위해 화를 내는 나를 발견했다. 아이들의 마음보다는 학급 경영만 하면서 정작 나는 행복하지 않았던 것이다. 문제가 무엇인지 찾고 싶어 상담 공부를 시작했고, 아이들의 마음을 읽으면서 조금씩 유연해졌다.

전문상담교사로 학부모들을 만나면서 처음에는 "아이를 왜 이렇게 키워! 무슨 부모가 저래!"라고 비난했다. 시간이 지나면서, 학부모들에겐 비난이 아니라 도움이 필요함을 알게 되었다. 학부모들도 힘들어하는구나! 내 아이라 더 힘들고 지치겠구나!

도교육청에서 자살(자해) 업무를 담당하면서 마음이 많이 넓어졌다. 자녀의 죽음을 눈앞에서 목격한 아빠의 사연 앞에서, 다투고 나간 후 주검으로 돌아온 아들의 모습을 보고 쓰러진 엄마의 울음 앞에서 무엇을 할 수 있으랴! 그것이 누구든, 살아 있음이 감사한 일임을 깨달았다. 업무로 지치고 할 수 있는 일이 없어 무기력했지만, 삶의 의미와 인생의 교훈을 참 많이 배운 시간이었다.

개인적으로는 상담자로서 소진되고 지쳤을 때 버티게 해준 힘은 개인 상담이나 집단 상담을 받고, 마음챙김 명상을 한 것이었다. 내면과 외면을 끊임없이 다스리고 관리해야 하는 내게 마음의 근육과 타인에 대한 이해심을 키워준 든든한 두 바퀴였다.

30년을 돌아보니, 초등 담임을 하면서 천진한 아이들과 다양한 학부모를 만나고, 선생님들과 행복한 시간을 보냈다. 전문상담교사로 전직하여 위센터에서 초·중·고등학생과 학부모, 교사들을 만나면서 역량이 향상되기도 했다. 세월호는 처절하고 암담한 시간이었지만 위기 지원을 체계적으로 배운 시기였고, 도교육청 장학사 생활 3년은 바운더리를 넓히는 큰 기회가 되었다. 또한 다양한 자료 개발과 도서 집필, 풍부한 연수 운영, 강의 경험도 좋았다. 30년을 돌아보니 나름대로 최선을 다한 교직 생활이 아니었나 싶다. 이 모든 것이 제 책을 읽어준 선생님들, 강의를 듣고 고민을 나눠준 선생님들, 함께 연수를 기획하고 만들었던 선생님들, 제게 도움을 요청한 선생님들 덕분이다.

서이초 사건 이후 줄곧 한 고민은 '내가 후배 교사를 위해 할 수 있는 일이 뭘까?"였다. 이제 행동으로 움직이려 한다. 교실에서 일어나는 학생이나 학부모 상담 관련한 어려움을 후배 교사들과 나누고 싶다. 컨설팅이든 연수든 책읽기 모임이든, 개인이든 그룹이든, 온오프라인 상관없이. 지난 30년 간의 내 노하우가 잘 쓰여지기를 바란다. 늘 지금처럼 현장에서 아이들과 선생님, 학부모를 만나는 깨어 있는 선생님으로 남은 교직을 마무리할 수 있길 희망하며, 선생님들의 몸과 마음이 평안하고 행복하시길 기원한다.

이주영

Contents

Part 2
요즘 아이들

Part 3
갈등 조정으로 푸는 학교폭력

Part 4
비자살성 자해

Part 5
마음이 멍든 아이들

Part 6
학부모 상담

Part 1

—

ADHD

ADHD와
분노 조절 장애를 가진 아이
—

"(담임) 우리 반 A가 지난주에 무단결석을 한 번 했는데, 오늘 아침에도 A가 학교 안 간다고 한다면서 엄마가 전화를 하셨어요. 지난번엔 그냥 잠을 잤다고 해서 넘어갔는데, 오늘 또 이러니까 학교를 계속 오지 않을까 걱정되네요. 전화를 해도 안 받아요. 지난번엔 받았었거든요."

"혹시 등교할 때 A와 같이 올 만한 친구 없나요?"

"(담임) A와 잘 노는 여학생이 있어요. 그 애 말이면 들을 것 같아요. 파워가 장난 아니거든요. (여학생과 몇 번 같이 등교하면서 문제가 없어지는 듯 보였으나, 다시 등교하지 않는 상황이었다) 위클래스 상담을 물었더니 엄마도 좋다고 동의하셨어요. 교실에서는 친구들과 모둠 활동할 때 참여하지 않아서 모둠원이 싫어하고 불만이 많아요. 시키면 대충 하는 것 같긴 한데, 여학생들은 같은 모둠이 되는 걸 싫어해요. 우리 반에 A와 비슷한 아이가 있는데, 둘이 그렇게 싸워요.

똑같아요. 그 아이도 만만치 않게 수업 분위기를 망치거나 친구들을 방해하거든요. 수업 시간엔 거의 다른 일을 할 때가 많아요. 활동에 전혀 관심이 없고 본인이 하고 싶은 걸 해요. 1학년이라 가정 상황은 잘 모르겠는데, 엄마와 통화할 때는 지치고 힘들어 보였어요. 학교에 아예 안 올까 봐 걱정되네요."

처음에 담임 선생님이 아이를 의뢰했을 때는 등교 거부가 주된 문제인 줄 알았다. 그런데 이야기를 나누다 보니 A는 ADHD 특성이 강하고, 집에서는 분노 조절 문제가 있었다. 이처럼 요즘 아이들에게는 문제 행동과 심리적인 어려움이 혼재되어 나타나는 경향이 있다. 그래서 치료가 더 어렵다.

A는 엄마와 싸워 화가 난 상태로 학교에 오면 좋지 않은 일이 자꾸 생겨서 아예 등교하지 않고 잠을 잤다. 자고 나면 화가 좀 풀리는 듯했다. 엄마가 집에 있을 때는 잠을 못 자게 해서 소리를 지를 때가 있었으나 욕은 하지 않았다. 물건을 때려 부숴야 기분이 좀 풀렸는데, 그러고 나면 자신에게 또 화가 났다.

엄마와는 6학년 2학기 때부터 더 심하게 싸웠다. 아이는 엄마의 갱년기 때문이라고 했다. "너도 사춘기 같은데?" 하고 묻자, 사춘기는 신체 변화가 있어야 하는데 자신은 그렇지 않아서 아니라고 했다. 신체 변화 이외에 심리적인 변화도 있다고 했더니 본인은 아니라고 했다.

동생은 엄마와 싸울 때 욕을 하는데, 자신은 욕을 하는 게 너무 싫어서 안 한다고 했다. A는 욕을 하면 나쁘다는 생각이 강하고, 욕을 하지 않는 자신을 대단하다고 생각했다. 엄마는 어릴 때부터 자기에게 욕을 했으며, 자신은 그 욕을 듣는 게 너무 힘들고 짜증이 났다. 그래서 말꼬투리를 물고 늘어지며 엄마를 약 올렸다.

아이는 자신의 문제나 잘못은 없고 엄마 탓을 하고 자신의 장점을 확대 해석하는 반면, 단점이나 문제는 인식하지 않으려는 모습을 보였다. ADHD 아이들은 잘못을 인정하기 어려워하는데, 자신이 잘못했다는 생각은 하지 않고 본인의 입장만 중요하게 생각하기 때문이다.

자신이 하는 모든 행동의 원인은 엄마 때문인데, 엄마는 늘 잔소리를 하고 화를 자주 냈다. 또 뭐만 안 하면 '용돈을 끊겠다, 핸드폰을 끊겠다.' 협박하였다. 어제는 아이도 화가 나서 핸드폰 케이스를 잘라버렸고 그랬더니 화가 좀 풀렸다고 했다. "엄마 성격과 네 성격이 비슷한 면이 있네!"라고 했더니 그렇다고 한다. "그럼 너 자신을 마음에 들어 하지 않는다는 거네?" 했더니 이 역시 그렇다고 했다. 아이는 하고 싶은 말을 해서 속이 시원하다는 말도 덧붙였다.

A는 거북이와 달팽이를 키우고 파충류를 좋아하며 동물들을 친구라고 생각했다. 공부는 아무 관심이 없어서 수업 시간에는 가만히 낙서만 했다. 선생님들도 이제 자기를 포기한 것 같다고 했다. 좋아하는 것에는 아주 깊게 빠지고 열심히 하는데 흥미 없는 것에는 아무런 관심을 두지 않았다. 보통의 아이들과 달리 너는 독특한 면이 많아서 맞는 담임 선생님을 만나기 어려웠을 것 같다고 하자,

초등학교 4학년 때 담임 말고는 모두 맞지 않았으며 그 선생님은 마음이 넓은 분이라고 했다. 그러면서 자신 역시 다른 애들처럼 평범하다고 했다.

"네가 문제가 있다는 게 아니라, 관심 있는 것에만 집중하고 그렇지 않은 것에는 아무것도 하지 않는다는 점이 보통의 아이들과 다르다는 거야. 공부에는 다른 아이들에 비해 지나치게 흥미가 없고, 조금이라도 관심이 없으면 아예 아무것도 안 해버리는 점이 독특하다는 거지."

A의 문장완성검사 결과와 해석

• • • •

1. 내가 가장 행복한 때는 동물 분양할 때이다. 나에게 가장 좋았던 일은 동물 분양. 내가 제일 아끼는 것은 동물이다.

▶ A의 일상에서 가장 중요하고 즐거운 영역을 차지하는 것은 동물이다. 가족과 친구가 아닌 동물과 소통하고 지낸다. 친구들과의 협력이 부족한 것 같다고 했더니, "동물과는 잘하는데요."라는 대답이 돌아왔다. 맞다고 인정했다.

2. 나의 친구는 멍청하다. 대부분 아이들은 초등학생 때부터 게임중독이다. 사고뭉치다. **vs** 3. 나의 좋은 점은 얼굴이다. 나의 나쁜 점은 없다. 나는 공부를 겁나 잘한다.

▶ A는 친구를 부정적으로 바라보고, 자신에 대해서는 과도하게 긍정적으로 인식한다. 공부를 잘한다고 한 이유는 최근 국어가 20점에서 40점으로 올랐는데, 원래 똑똑한 머리 덕분이라서 그렇게 적었다고 했다. 다른 사람들이 자신을 시끄러운 사람이라고 생각하는 것에 대해선 아이들이 오해한다고 여기고, 말이 없으면 답답하니까 말이 없는 것보다는 나으니 장점이라고 생각한다. 그러고는 교실에서 서로 앙숙이고 자주 싸운다는 아이에 대해 아주 시끄러워서 싫다고 표현했다. (본인이 그렇게 생각하기 때문에, 여기서 아이의 말을 논리적으로 반박하는 것은 의미가 없다)

4. 나를 가장 화나게 하는 것은 공부. 하기 싫으니까. 내가 가장 무서워하는 것은 공부. 몸에도 해로움(허리도 아프고 눈도 나빠짐). 공부는 하고 싶을 때 할 것임.

▶ 공부에 대한 아이의 생각이 고스란히 드러나 있다. 이 정도로 싫어하니까 얼마나 학교에 오기 싫겠는가? 솔직히 학교에 오기 싫다는 인정을 하긴 자존심 상하니까 엄마 핑계를 열심히 대고 있다.

"너에게 부족한 것은 뭘까?" 하고 물으니, 모든 것이 완벽한데 절제와 용기, 유연성이 조금 부족하다고 했다. A는 수다 떠는 걸 즐겨서 나와 상담하는 걸 아주 많이 좋아했다. 상담이 약속된 날은 학교를 빠지지 않는데, 2학년이 되면서 등교를 잘 하지 않아 자주 만나지 못했다.

자신의 부족한 점을 묻는 것에 몇 개라도 솔직하게 대답했다는 것은 나에 대한 신뢰가 깊다는 걸 의미한다. 선생님 반에서 ADHD 경향의 아이가 자신의 단점에 대해 조금이나마 인정하고 마음을 연다면 그것은 오롯이 선생님을 믿어서이다. 그것만으로도 선생님은 아이에게 큰 영향을 미친 것이니 아이의 행동이 당장 변하지 않는다고 해서 좌절하지 마시라.

A의 엄마를 만나 이야기를 나누었다.

"아이 때문에 힘드시죠?"

"어제도 다투고 소리를 질러서 울화통이 터졌는데, 밤중에 나가면 아이가 문을 잠글 거 같아서 그냥 참고 있었는데 답답했어요. 초3 때 담임 선생님이 아이에게 심하게 해서 적응을 잘 못했어요. 저도 학교에 계속 불려 다니면서 너무 힘들었어요. 그때 검사를 했는데 큰 문제는 아니라고 했어요. 사설 상담소 선생님이 우리 애에게 자존감이 높다고 했더니 그분을 좋아하더라고요. 그렇게 힘든 1년을 보내고, 다행히 초4 담임은 아이와 잘 맞았어요. 학교 가는 것을 즐거워했어요. 그 외 학년 선생님은 힘들어했어요."

"그랬을 거예요. 아이가 독특하니까 학교의 규칙이나 교실 안에서 가만히 있는 게 힘들었을 거예요. 아이가 아무것도 안 하려고 하니까 담임 선생님도 통제하려고 했을 거고."

"코로나 때 집에서 공부를 안 하더라고요. 저랑 엄청 싸웠어요. 말을 너무 안 들으니까. 최근에는 새벽까지 인터넷을 해서 시간 제한을 뒀더니 왜 그러느냐고 따지면서, 한 입으로 두 말 한다면서 대들었어요. 저와 관계가 가장 나빠지는 원인이 핸드폰인데, 핸드폰을 뺏었더니 열받는다면서 학교 안 간다고 하더라고요. 농담인 줄 알았죠. 그런데 정말 안 갔어요. 제가 곤란해지거나 당황스러워하는 상황을 즐기고 뭔가 저를 괴롭히는 느낌이 들어요."

"그럴 수도 있어요. 뭔가 자기만의 복수라고 할까요. 다른 이유는 아이가 자기의 욕구에만 몰두하여 엄마의 상황 같은 건 보이지 않을 수 있어요. 어린 면이 강하다고 느꼈거든요."

"발달이 좀 늦었어요."

"그랬군요. 충동적이고 자기중심적인 사고가 강한 ADHD로 보여요. 자존심은 강하니까 아이가 흥미로워하는 동물 관련 활동과 공부를 하는 게 도움이 될 것 같아요. 자신이 하고 싶은 것만 하고 하기 싫은 것은 쳐다보지 않는 성격상 학교 조직과 잘 안 맞고, 선생님들과 갈등의 여지가 있어요. 학기 초에 담임 선생님에게 아이의 특성에 대해 말하고 도움을 요청할 필요가 있어요. 좀 걱정스러운 것은 학교에서는 아니지만, 집에서 엄마에게 공격적인 말과 폭력적인 행동을 한다는 점이에요."

"올해 담임과는 잘 맞아요. 잘 지내는 친구도 있다고 하더라고요. 그 아이가 학교 가자고 찾아오니까 잘 가더라고요."

아이가 ADHD가 맞다면 건강한 ADHD를 공부하는 게 좋다고 했더니 엄마는 책 읽는 것을 싫어한다면서 웃었다. 책을 싫어하는 게 아이와 닮았다고 했더니 그렇다고 했다. 그런 면에서 아이를 때리거나 다그치지 않고 키운 건 잘했으며, 현재 아이가 살아가는 힘이 된다고 했더니, '요즘 계속 아이를 잘못 키웠나?' 하는 회의가 들었고, '때리면서 더 강압적으로 말을 듣게 했어야 하나?' 하는 생각이 들어 괴로웠다고 했다.

"학원도 너무 싫다고 해서 끊었는데, 어떻게 할지 모르겠어요."

"아이가 원하지 않는 것은 억지로 시키지 않는 게 좋겠고, 요즘 빠져 있는 일본 애니메이션을 반대하지 말고 이번 기회에 일본어를 배우는 건 어때? 하는 제안을 해보는 것도 도움이 될 수 있겠네요."

"이제부터 아이의 말과 행동을 무시할 거라 다짐했어요. 근데 쉽지가 않아요. 계속 긁으니까 소리 지르고 싸우게 돼요. 아이와 계속 싸우고 상처를 주고받으면서 힘들고 지쳐요."

"당연히 그럴 거예요. 그게 어디 쉽겠어요!"

아이는 사춘기 반항 중이라 받아주면서 버텨주면 충분히 좋은 엄마의 역할을 하게 되고, 짧게는 학기 말까지, 길게는 내년쯤 끝날 수도 있다고 말씀드렸더니 감사하다고 했다.

충동성이 물건 소비에
집중된 아이

—

B는 자신이 문제가 많은 ADHD이고 우울하여 약도 먹고 있다고 했다. 본인이 ADHD라는 인식이 강하며 문제가 많다고 스스로

를 평가했다. '괜찮은 애'라는 느낌이 없고, 안 괜찮은 부분에 대해서만 많은 이야기를 했다. 자신이 너무 충동적이라 자꾸 사고를 쳐서 엄마가 힘들다고도 했다. '너는 괜찮은 아이'라는 말을 하면 그에 반해 '자신은 문제가 많다'는 증거를 계속 대면서 대답했다.

그나마 상담을 하면 자신의 장점도 찾고 좋은데, 학교에서는 부정적인 평가를 받는 게 세상 억울하다고 했다. "학교는 조직 사회인데, 너는 네 감각과 욕구에 충실해서 움직이니까, 선생님 말씀과 규칙에 따라 움직이는 다른 아이들과는 다른 면이 많지. 개성을 죽일 필요는 없지만 굳이 오해와 부정적인 평가를 받을 필요는 없지 않을까?"라고 했더니 동의했다.

B는 초등학생 때부터 야단을 자주 맞고 ADHD라는 진단까지 받으면서 자존감이 많이 낮아진 상태였다. B는 많은 돈을 가지고 그 돈을 쓸 때가 가장 행복하고, 가진 것 중에 가장 아끼는 것은 돈이며, 가장 가지고 싶은 것 또한 돈이라고 했다. 명절에 용돈을 많이 받으면 물건을 사는 쇼핑을 좋아하고 나름의 미적 감각이 있었다. B의 충동성이 가잘 잘 발휘되는 곳은 바로 돈을 쓰는 것이었다. 그래서 좋아하는 옷이나 화장품을 많이 사고 있었다.

"그런 쓸데없는 것을 사니까 늘 돈이 모자라지?"

"쓸데없는 게 아니에요. 저는 그것이 좋고 꾸미고 사는 게 좋아요."

"그렇구나! 근데 엄마와 아빠는 선생님과 같은 생각일 것 같아."

"그래서 용돈을 올려달라는 말이 씨알도 안 먹혀요."

이 때문에 엄마가 용돈을 거의 주지 않는 지경에 이르렀는데, 친구들로부터 크고 작은 돈을 빌리면서 문제가 생겼다. 돈이 없으면 빌려서라도 물건을 사야 했기에 빌린 액수가 꽤 되었다. 하지만 그렇게 산 물건도 시간이 조금 지나면 흥미가 급속도로 떨어졌다.

B의 엄마를 만나 이야기를 나누었다.

"아이에게 용돈을 너무 안 주시는 것 같은데 어때요?"

"그게 아니에요, 선생님. 매달 얼마를 줬더니 하루도 안 가 써버렸어요. 도저히 안 되겠다고 했더니, 아이가 일주일 단위로 끊어서 달라고 하는 거예요. 그래도 소용없어요. 그래서 절약 정신도 익힐 겸 최근엔 아예 끊었어요."

"충분히 그럴 수 있죠. 돈이 계속 나오는 화수분이 아니잖아요."

"맞아요. 근데 우연히 알게 된 건데 친구들에게 돈을 많이 빌려 썼더라고요. 이전엔 잘 갚았는데 요즘은 돈이 없으니 못 갚나 봐요. 어떻게 해야 할지 모르겠어요. 똑같은 화장품 사고 필요 없는 물건을 자꾸 사요. 며칠 있다 질려서 또 다른 걸 사고요."

"참 어렵네요. 저도 물건을 충동적으로 사는 걸 반대하는 사람이라서 엄마 입장이 충분히 이해돼요. 공감하고요. 애한테 말했더니, 똑같아 보이지만 이건 뭐가 다르고 저건 또 다른 거라고 말하더라고요. 미세한 차이점을 잘 찾아내더라고요. 꾸미는 것에 감각이 있으니까 그걸 전공으로 살려도 좋을 것 같아요."

"저도 많이 힘드네요. 문제를 자꾸 일으키니까 학교에도 너무 자주 불려 오고, 아이는 고친다는 말은 하는데 전혀 변화가 없고. 어떻게 할지 어렵네요."

"그러게 말입니다. 쉽지 않네요. 메이크업 스쿨 같은 곳을 보내 보는 건 어때요?"

"지금 알아보고 있는데 수강료가 너무 비싸더라고요. 그래도 꾸준히 다니면 괜찮을 건데. 일단 다음 주에 애랑 같이 가기로 했어요."

"함께 가서 상담해 보고 결정하시면 되겠네요."

ADHD에 대한 이해

—

정신장애 진단 및 통계 편람(DSM-5)에서는 ADHD를 진단하는 기준을 제시한다. 부주의와 과잉 행동, 충동성이 증상으로 12세 이전에 나타나고, 증상으로 인한 행동이 두 가지 또는 그 이상의 장면에 존재해야 한다고 말한다. DSM-4에서는 7세 이전이었으나, 12세로 상향 조정되었다.

교실에서 부주의는 집중하지 못하고 정리 정돈이 안 되며, 잘 잊고 잃어버리는 것으로 나타난다. 과잉 행동은 움직임이 많고 손과 발을 움직이며 자주 일어나는 등의 과도한 행동으로 부산스럽고 산만하게 느껴진다. 충동성은 성급하게 대답하고 움직이며, 친구나 담임의 말을 곧잘 끊거나 방해하는 것으로 나타난다. 세 가지 행동을 모두 하는 아이로 인해 교사는 힘들고, 다른 아이들이 피해를 본다는 생각에 마음이 불편하다. 실제로 몇 명의 다른 아이나 학부모의 민원을 받기도 한다. 이는 초등 저학년 남학생에게 자주 나타나는데, 담임이 학부모 상담을 요청하면 방어적인 자세를 취하는 경우가 많다. 우리나라 정서상 ADHD 학생에 대한 부정적 인식이 강하고, 이로 인해 교사가 자녀에 대해 편견을 가질까 봐 자녀의 문제를 말하거나 진단받기를 꺼린다는 의견도 있다.

최근에는 ADHD와 공격성(폭력성)이 함께 나타나는 아이들이 증가하는 추세지만, 공격성이 ADHD를 진단하는 필수 요건은 아니다. 다만, 공격성이나 폭력성이 있는 ADHD는 있다. 그렇다고 학교에서 공격성이 있는 다소 산만한 아이를 모두 ADHD로 판단하는 것은 오해다. 또한 ADHD는 진단명이므로, 담임이 함부로 판단할 수 없으며 검사를 통해 정확한 병원 진단이 필요하다.

어떤 이들은 ADHD 진단 자체에 의문을 제기하기도 한다. 진단검사가 ADHD의 기준을 자로 잰 듯이 정확하게 객관적으로 측정할 수 없을 뿐만 아니라 아이들의 변화 가능성도 반영되지 않는다. MBTI로 자신의 성격 유형을 파악할 때, 어떤 장소에서는 T 유형이지만 친분이 있는 사람에게는 F를 사용하는 것처럼 애매한 부분이 있다. 이처럼 검사만으로 완벽하게 그 증상을 파악하기는 어렵다. 학기 초 정서 행동 특성 검사가 한 아이의 모든 면을 말해 줄 수 없는 것처럼 말이다.

ADHD 아이를 다른 관점에서 바라보면, 이 아이들은 인지 능력이 떨어지지 않는다. 오히려 특정 영역에서는 다른 아이들보다 더 똑똑한 면도 있다. 그렇다면 왜 이 아이들은 고학년이 될수록 공부를 못하고 부적응 행동을 많이 할까? 다양한 이유가 있겠지만, 가장 큰 것은 이 아이들이 조직, 틀에 잘 맞지 않는 특성을 가졌기 때문이다. 우리나라 교실은 학생이 가만히 앉아 있는 것을 선호한다. 학생 수가 많아 개성을 존중하기도 받기도 어렵다. 개인의 문제라기보다는 학급당 학생 수, 학업 중심 등 사회 문제다. 이런 점 때문에 학교에서 이 아이들은 칭찬보다 야단과 꾸중을 더 많이 들을 수 있다. 집에서도 딱히 다르지 않다. 자녀가 말 잘 듣고 가만히 있는 걸 부모 또한 좋아한다.

어릴 때 병원에서 ADHD 진단을 받은 5학년 아이와 상담을 한 적이 있다. 의사 선생님이 자신을 ADHD라고 했단다. 그게 뭔지는 모르겠으나, 이런 생각이 들더란다.

"내가 뭔가 문제가 많은 아이 같아요. 정신적으로 이상한 아이구나! 엄마도 의사 샘 말 잘 듣고 약을 먹어야 한다고 했거든요."

이 아이는 그로 인해 자존감이 많이 낮아졌다. ADHD라는 병명 안에 스스로 가두는 느낌이 들어 안타까웠다.

ADHD 아이들의 발병 원인은 정확하게 밝혀지지 않았다. 이 때문에 치료 의견이 분분하며, 이런 특성을 가진 아이들이 많아지는 원인도 모른다.

과거를 돌이켜 봤을 때, 20년 전쯤부터 산만하고 부산스러운 아이가 초등 교실에서 나타나기 시작했으며, 점차 늘어서 지금은 3분의 1 이상의 아이들이 교실에서 정신없이 움직인다고 한다. 처음엔 견디기 어려워하던 초등 선생님들은 서서히 조금씩 이 아이들을 견디고 대처하는 방법도 익히고 있다. 요즘은 산만해진 학생들 때문에 중학교 선생님들이 힘들다. 특히 중1은 어디로 튈지 모르고, 언제 불쑥 일어나서 돌아다닐지 모른다. 야단을 쳐도 그 순간뿐이라고 하소연한다. 이 하소연은 20년 전쯤 초등 선생님들이 많이 한 푸념이었다. 가장 잘 견디는 분은 유치원 선생님이다. 그곳에서는 산만하지 않은 아이가 없으니까. 유치원 선생님은 견디는 게 아니라 그냥 익숙한 것이다.

독특한 아이,
인디고 아이들

—

ADHD를 '인디고 아이들'이라 표현하는 사람들이 있다. 이들은 ADHD를 병적인, 그래서 치료가 필요한 아이로 보지 않고 '독특한 아이'로 표현한다.

인디고 아이들은 대인관계 직관이 뛰어나서 좋고 싫음이 분명하며, 다른 사람의 마음을 쉽게 전달받고 비언어적 표현에 민감하다고 한다. 민감함으로 인해 잦은 감정 변화를 보이고, 이러한 감정을 표현한다. 그리고 다른 사람과의 관계를 반응적으로 감지한다.

아이들의 이러한 민감성은 자신을 좋아하는 교사를 굉장히 따르고 신뢰하며 좋아하게 만든다. 바꿔 말하면, 자신을 싫어하거나 맞지 않는 교사와는 관계가 나빠질 가능성이 크다는 것을 의미한다. 이 아이들이 유독 담임에 대한 호불호가 분명한 이유다.

이 아이들은 뛰어난 상상력이 있고 창의성이 풍부하고 기발한 아이디어 뱅크다. 천부적인 창의성이 있으므로, 아이의 잠재 능력이 발휘된다면 아주 큰 일도 할 수 있는 독특한 캐릭터다. 더불어 혈기 왕성한 에너지와 세상에 대한 높은 수준의 활동력을 갖고 있다. 이것이 충동성과 시너지를 낼 때 어마어마한 힘을 발휘한다. 많은 경우 이 아이들은 생태 의식이 있으며 동물을 좋아하고 자연에 강한 흥미와 호기심을 보인다. 자연 친화적이고 경험을 중요시한다.

덧붙여, 인디고 아이들은 일상생활에서 다음과 같은 특성을 보인다.

민주적인 방식이 아니면 권위에 저항하고 믿을 만한 어른을 찾는다. 아이디어를 실현할 수 있도록 도우면 맘껏 재능을 발휘하지만, 무시당하거나 꺾이면 아주 쉽게 좌절한다. 또한 일찍 실패를 경험하면 배우는 것을 포기하고 공부에 벽을 치면서 싫어한다. 기계적인 암기나 단순히 듣기만 하는 것을 싫어하고 본인이 체험하고 탐구하는 것을 좋아하는데, 그래서 암기와 학습이 많은 교실을 견디기 힘들어한다. 자신이 흥미를 느끼는 것 외엔 관심이 없어 가만히 앉아 있지 못하고 지루해한다.

산만함 지수가 높은 아이,
차분함 지수가 높은 교사

—

ADHD 경향, 즉 산만하고 부산스러운 아이들이 증가하는 교실과 달리 많은 선생님들은 이런 아이들과 반대 경향의 차분하고 진지한 기질을 가졌다. 아이들은 가만히 앉아 있지 못하고 수다스럽고 정리 정돈을 못하는 일상을 보이는데, 이에 반해 교사는 차분히 앉아서 정리 정돈할 것을 강조하고 산만한 상황은 수용이 어렵다.

교사 A – 학생들이 소란스러운 것에 대해 관대하지 못해요. 학교에서는 무조건 조용히 해야 한다고 말하죠. 모둠별 학습은 자연스럽게 소란해지므로, 꼭 필요한 경우가 아니면 개별 학습을 선호해요. 산만한 상황이 벌어지면 수업을 진행하지 못하고 중단하거나 아이들을 다그치는 편이에요. 쉬는 시간에도 시끄러운 게 싫어 셋 이상 모여 이야기하지 않도록 하고 조용히 책을 읽으라고 말해요.

교사 B – 아이들이 산만하거나 흐트러진 모습을 용납하지 못해요. 수업 시간에 돌아다니거나 산만하게 움직이는 것, 친구들과 장난치며 집중하지 못하는 아이들의 마음을 이해하지 못하고 지적해요. 처음엔 괜찮다가도 계속 눈이 가요. 그러다 "조용히 해라!", "정리하세요!"라며 화를 내죠. 초등 아이들에게 당연한 행동이라는 것을 받아들이기 어려워서 매시간 힘들어요.

교사 C - 수업 시간에 아이들이 장난치는 것에 대한 이해의 폭이 좁아요. 학생들에게 몇 번의 기회를 주고 자기 스스로 변화할 수 있는 시간을 주면 좋은데, 그 상황에서 바로 지적하여 학생들과의 관계가 나빠져요. 수업 도중에 분위기가 안 좋아지기도 해요. 조금 여유를 가지면 좋은데, 참기 힘들어요. 내가 이러는 이유는 아이들이 수업 시간에 다른 짓을 하는 것을 보면 상처를 받기 때문인 것 같아요.

교사 D - 시끄러운 것을 싫어하다 보니 떠드는 아이들을 보면 가만히 놔두질 못하고 자꾸 나도 모르게 제재를 가하게 돼요. '아이들은 원래 시끄러운 거고 밖에서 받는 스트레스를 교실에서 쉬는 시간에 저렇게 푸는구나!' 하고 머리로는 이해하면서도 시끄러운 소리가 심해진다 싶으면 금방 "조용히 놀아라. 목소리 좀 낮춰라." 잔소리해요. 그래 놓고는 '내가 애들한테 뭐하고 있나?' 하고 후회하는 일이 많죠. 지금은 아이들의 시끄러운 소리에 익숙해지려 노력하다 보니, 예전보다는 편안해졌어요.

이에 반해 아이들은 지루함을 싫어한다.

학생 A - 사회 수업은 너무 어렵고 지루해요. 선생님은 열심히

가르치세요. 근데 너무 재미가 없어요. 집중이 안 돼요. 그런데 딴
짓하면 선생님이 뭐라 하세요. 벌칙으로 과제를 해와야 한대요. 재
미있었으면 좋겠어요.

학생 B - 수학 시간이 재밌었어요. 전 수학에 관심이 전혀 없고
못하거든요. 그런데 선생님이 게임을 하면서 가르치니까 좋았어요.
지루하지도 않고요. 이것저것 활동을 했어요. 지겹지 않았어요.

학생 C - 도덕 선생님은 너무 진지하세요. 농담을 하면 아이들
은 웃는데, 수업 방해했다고 째려보세요. 수업 끝나고 야단맞았어
요. 너무 시간이 안 가니까 가만히 앉아 있기 힘들어요. 장난치다가
또 걸렸어요.

한편 학생들과 비슷한 ADHD 경향의 선생님도 있다. 본인은 즉
흥적이라 힘들어하지만, 요즘 아이들과 잘 맞는 선생님일 수 있다.

교사 E - 즉흥적일 때가 많아요. 내 기분이나 감정, 순간적으로
드는 생각과 느낌대로 행동해서 일관성 있는 학생 지도가 가장 어
려워요. 일정한 틀에 맞춰 생활하는 학교생활이 힘들 때가 있어요.
즉흥적인 생각은 그릇된 판단을 부르기도 하지만, 재미없는 교실
분위기를 업시키는 효과는 있잖아요. 수업 중 학생들의 지루한 표
정이 보이면, 준비한 것을 마치기도 전에 아이들이 좋아하는 것으

로 바꿀 때도 있다니까요. 교실에 들어가기 전에는 '이번 시간엔 꼭 진도를 나가야 해! 조금 있으면 시험이거든. 정신 차려!' 이런 생각을 하지만, 막상 들어가면 내 패턴대로 왔다 갔다 하는 거죠! 이전엔 이런 내 모습이 마음에 안 들었는데, 요즘 아이들과는 좀 맞는 것 같아 위로받고 있어요. 20년 전 내가 초등 교사였다면 "선생님 반 아이들은 왜 이렇게 시끄러워요? 쉬는 시간에 뛰어다니지 못하게 하세요!" 등의 말을 들었을 거라는 말씀을 옆 반 선생님이 하셨어요. 지금 교사인 게 다행이죠.

교사가 바라보는 ADHD, 교실에서 만나는 ADHD

—

ADHD 경향으로 보이는 아이가 있을 때, 교사들은 매우 산만하고 충동적이며 과잉 행동을 하는 저 아이를 어떻게 할까 고민한다. 보통은 학기 초에 발견되기 때문에 신뢰 형성이 안 된 학부모와 소통도 어렵다. 또 다른 걱정은 '저 아이와 어떻게 1년을 보낼 것인가?'이다. 정답이 없는 걸 알지만, 누군가 답을 알려줬으면 좋겠다는 마음이다.

"2학년 아이가 너무 심하게 돌아다니고 산만하고 불쑥불쑥 수업을 방해하여 엄마에게 치료를 권했어요. 다행히 동의하시고 병원에서 약을 처방해 주셨다 하더라고요. 문제는 그다음에 나타났어요. 아이가 너무 조용해진 거예요. 약 먹은 병아리 같다고 해야 하나? 너무 안쓰러운 거예요. 이게 뭔가? 하는 생각이 들었어요. 나대고 수업을 방해하면서 친구를 괴롭히는 모습을 보는 것도 속상하지만 그 모습을 보는 것도 안타깝더라고요."

이런 면에서 보자면 아이의 산만함이 문제가 아니라 학교라는 조직 생활을 하면서 규칙을 지키고 친구와 조율하면서 뭔가를 하기 어려운 것이 문제가 된다.

교실에서 이 아이를 담임 혼자서 오롯이 감당하기에는 에너지가 너무 들고 사실상 불가능하다. ADHD 경향은 주로 초등 저학년 때 강하게 나타나므로, 모이를 기다리는 새처럼 재잘거리는 아이들 속에서 이 아이만 지도하는 것은 쉽지 않다. 심지어 많은 부모는 자녀의 문제조차 인정하지 않는다. 부모는 부모대로 교사가 자녀를 다른 시선으로 바라본다며 서운해한다. 함께 아이를 위해 노력해도 쉽지 않은데, 현실은 이러니 더 어려울 수밖에 없다. 그럼에도 많은 교사는 이 아이를 돕기 위해 다양한 시도를 한다. 야무지고 조용한 아이를 붙여도 보고, 교탁 바로 옆에 책상을 두기도 하며, 아이가 흥미 있는 활동을 하도록 허용하거나 점심을 같이 먹으면서 이야기를 나누는 등 학교 적응을 돕기 위해 최선을 다한다.

선생님의 또 다른 고민은 다른 아이들에게 피해를 주는 것에 대한 불편함이다. 다른 아이들이 수업에 집중하고 있는 순간 바로 소리를 내거나 친구의 물건에 손을 대면서 방해하는 것이다. 그러면 교사는 야단을 치거나 잔소리를 하고, 수업은 흐트러진다. 이런 상황이 하루에 한 시간만 일어나도 힘들 텐데, 매시간 일어나니 교실은 격전지가 된다. 그런데 실제로 아이들은 선생님이 염려하는 것보다 영향을 덜 받는다. 왜냐면 그 아이들도 산만하고 정신없는 공통된 속성을 가지고 있기 때문이다.

"어느 날 ADHD 경향 아이를 잘 돌봐주던 든든한 백이었던 야무진 아이가 전학을 간다며 엄마가 왔어요. 이야기를 나누다가 그 아이를 많이 도와줘서 고맙고, 한편으론 미안하다고 했죠. 그랬더니 그 엄마가 '아니에요, 선생님. 우리 아이는 그 아이 때문에 재밌었대요. 아이들과 있을 때 유머 감각이 있나 봐요. 재밌는 아이라고 하더라고요.'라고 하시더라고요."

들고 보니 충분히 그럴 수 있겠다 싶다. 어쩌면 그 아이를 가장 못 견디는 건 교사인 우리일지 모른다. 아이의 행동을 지적하고 야단치느라 오히려 교실 분위기를 어색하게 만드는 것은 아닌지.

가장 난감한 것은 같은 반 학부모로부터 그 아이에 대한 불평과 비난을 들어야 한다는 점이다. 나아가 학급 교체까지 요구하는 경우도 있다. 이성적으로 그 부모의 하소연과 어려움을 이해하지만, 내 자녀는 그 아이와 같은 시대를 살아가야 한다. 피할 수 없다. 외국으로 간다고 해도 그런 아이는 있다. 함께 살아가야 할 아이라면 적응력을 키워주는 것이 부모의 역할이라고 생각한다. 내 아이 역시 성장하면서 어떤 변화를 겪을지 모른다. 교사 역시 이런 관점으로 부모와 이야기를 나누는 것이 좋다.

어느 학교에서, 본인이 ADHD라고 말하는 체육 선생님을 만났다. 지금처럼 ADHD에 관심 많은 시대를 살았다면 아마 자기는 교사가 되지 못했을 거라고 했다. 수업 시간에는 아이들과 늘 함께 운동하고, 자전거를 타고 출근하며, 저녁에는 테니스나 골프를 친다고 했다. 힘들지 않냐고 물었더니 행복하다고 하셨다. 넘치는 에너지를 체육 선생님으로서 잘 풀고 계셨다. 요즘 고민은 5학년 아들인데, 에너지가 너무 강해서 많은 운동을 하지만 공부엔 아무 관심이 없어서 수업 시간에 떠든단다. 담임 선생님이 어려움을 하소연하는데, 공감되었다고 한다. 한편으론 어떻게 해야 할지 아빠로서 어렵다고 했다. 자신을 생각하면 저러다 잘 지낼 건데 하는 마음이 들면서도 요즘은 세상이 달라졌지! 하는 생각이 동시에 들어 난감하다고. 아이 엄마도 담임 전화를 자주 받으니 스트레스로 힘들다고 했다.

그 선생님에게 '선택은 선생님과 아이의 몫'이라는 전제하에 조언했다. 누구보다 아빠가 아이를 잘 이해하니까 든든한 버팀목이 되면 어떤 상황에서도 아이가 중심을 잡고 자신의 한계를 극복할 것이다. 필요하다면 아이와 부모가 상담을 받고, 또 정신과적인 치료가 필요하다 생각되면 정확한 진단을 받는 게 좋겠다. 공격성이나 폭력성이 나타난 건 아니니 대화를 많이 나누는 것도 좋은 방법일 것이다. 담임 선생님과도 자주 소통하면서 부모로서의 어려움을 함께 풀어가면 좋겠다고 했다. ADHD 자녀를 둔 부모의 마음도 편치 않고 결정이 쉽지 않음을 실감한 자리였다.

최근에는 ADHD의 특성을 긍정적인 관점으로 바라보는 시도가 많다. 치료 중심보다는 자신의 이야기를 담담하게 풀어내거나 ADHD를 이해하는 내용의 책도 많아지는 추세다. 자신의 산만함과 과잉 행동, 충동성을 활용하여, 한 분야에 획을 그은 사람의 이야기도 들린다. 학창 시절 엉뚱하고 멍청한 아이로 평가받던 월트 디즈니는 자신의 산만함과 과잉 행동을 예술적 재능으로 승화시켰으며, 잉그바르 캄프라드는 자신의 충동성을 순발력으로 바꿔 IKEA를 창업했다. 펠프스는 ADHD의 강한 에너지를 활용하여 최고의 기록을 내는 수영 선수가 되었다. 그에게 ADHD의 강한 충동 에너지가 없었다면, 어떻게 한 대회에서 그렇게 많은 메달을 딸 수 있었겠는가! 발명가 에디슨이 우리 반에 온다면 아주 심한 ADHD일지도 모른다.

3분의 1 이상의 아이들이 산만하고 쉴 새 없이 돌아다니거나 소란한 교실이라면, 이 아이들 모두 ADHD는 아닐 것이다. 지금까지 우리나라를 주도해 온 사람들이 근면 성실한 ISTJ 유형에서 이제 창의적이고 활동적이며 변화에 민감한 ADHD 유형의 시대로 넘어가는 것은 아닐까? 그렇다면 교사도 부모도 이를 받아들이는 게 평화롭지 않을까? 승패 없는 전쟁을 하느니 이를 잘 활용하는 방법을 찾아보는 게 더 생산적일 수 있다.

이제 학교와 학부모, 사회적 분위기 모두 인식 전환이 필요해 보인다. 물론 이 아이를 교실에서 수용하려면 학생 수를 많이 줄여야 한다. 이제 양이 아니라 질을 높이는 교육이었으면 좋겠다. 우리나라에서도 자신의 ADHD 기질을 잘 활용하여 멋진 삶을 사는 사람이 많아지면 좋겠다.

생각 나누기 아이를 바라보는 서로 다른 시각

학생의 문제 행동을 바라보는 시각은 담임과 상담교사, 교과 교사가 다를 수밖에 없다. 그것은 옳고 그름의 문제라기보다 학급 차원에서 그 아이를 바라보는 것과 심리적인 관점에서 바라보는 것이 다르기 때문이다. 가장 차이 나는 영역이 ADHD이다.

30명의 아이를 가르치고 관리할 때 ADHD 경향의 아이는 담임에게 많은 어려움을 준다. 반면 상담교사는 그 아이 한 명과 이야기하기 때문에 이해심이 넓어질 수밖에 없다. 야단칠 일도 많지 않다. 하지만 이런 점을 고려하더라도, 산만한 아이들을 유독 받아들이기 힘들어하는 선생님을 만나면 아주 난처하다.

학급 아이가 크게 산만하지 않음에도, 당신이 정한 틀과 기준이 강한 선생님의 눈에는 그 아이가 이해되지 않고 지나쳐 보인다. 일부러 그렇게 한다고 생각하거나 아무리 말해도 고치지 않는다며 화를 낸다. 본인의 성향대로 움직이는 그 아이도 힘들지만, 선생님 역시 끊임없이 아이와 신경전을 해야 하므로 지친다. 학부모와 담임, 상담교사가 함께 모여 이야기할 때도 살얼음판이다. 노련한 줄타기가 필요하다.

선생님과 조금 친해지면, 당신도 많이 지친다며 하소연한다. 산만하고 충동적인 ADHD 경향 아이들이 증가하는 상황에서 가장 힘든 건 선생님이기 때문에 학생을 수용하는 바운더리(boundary)를 조금은 더 넓힐 필요가 있다. 아이를 바라볼 때는 폭이 좁고 틀이 반듯한 사각형보다 넓고 부드러운 타원이 마음의 평안에 도움이 된다.

Part 2
—
요즘 아이들

공격적이고
폭력적인 아이들

—

어느 순간부터 아이들은 감정이나 마음을 공격적이고 폭력적인 방법으로 표출하고 있다. 다양한 이유가 있겠지만 가장 큰 원인은 인터넷 매체가 아닐까 싶다. 연령 제한이 있음에도 아이들이 하는 게임은 싸우는 내용으로 죽고 죽이는 모습이 대부분이다. 분노를 속으로 삭이는, 소위 말하는 착한 아이들도 게임을 통해 스트레스를 해소한다.

또 다른 이유는 가정에서 자기 뜻대로 욕구를 충족하는 아이들이 많기 때문이다. 물질적으로든 정신적으로든 자녀의 요구가 감당되지 않는 수준인데도 부모가 바빠서, 혹은 어떻게 해야 할지 몰라서 아이를 갑으로 대한다. 하나밖에 없는 귀한 아이니까 하는 마음도 강하다. 이러저러한 이유로 아이들은 좌절을 경험하지 않은 채 자라고, 이는 자신의 욕구를 통제하거나 마음을 관리하지 못한 결과를 낳는다. 마음의 근육 자체가 길러지지 않은 아이들이 학교라는 조직 안에 들어오면서 문제가 발생한다.

부모의 양육 태도 또한 자녀의 분노에 영향을 미친다. 강압적인 양육 태도를 보이는 부모는 주로 자녀의 일상을 간섭하고 잔소리를 많이 한다. 이들은 좋은 부모의 자질이 부족하다는 불안이 있고 자신감이 없다. 이런 유형의 부모들은 어릴 때부터 부모의 권위적이고 강압적인 모습에 익숙해져서 자신도 모르게 그 모습을 드러낸다. 문제는 잔소리가 먹히지 않을 때 감정을 폭력적인 방법으로 표현하는데, 이는 아이들의 분노를 키우는 데 일조한다.

이보다 더 자녀가 스스로 분노 조절을 못 하도록 하는 유형은 자녀에게 휘둘리는 유약한 부모이다. 아이에게 "안 된다"라고 거절하거나 자녀의 욕구를 꺾지 못한다. 심지어 충동적이거나 철없는 요구까지 충족시켜주면서 이것이 자녀에 대한 사랑이라고 착각한다. 이러한 부모는 자신을 희생하여 자녀의 행복 추구를 우선시하고, 자녀의 요구를 들어주지 못했을 때 죄책감을 느끼기도 한다. 유약한 부모 밑에서 자란 아이는 좌절을 경험하지 못하게 되고, 그 결과 자신의 감정과 욕구 조절에 어려움이 생긴다. 자신의 잘못을 인정하지 않고, 야단치는 사람에게 분노하며 때로는 대상을 떠나 공격적으로 대응한다.

엄마에 대한 분노가 가득한 아이

여학생 A는 수업 시간에 매우 공격적이고 폭력적인 말을 하여 아이들도 무서워하고 교과 선생님들도 놀라는 일이 많았다. 심리

검사를 한 결과 충동적인 공격성이 있다는 결과가 나와 약을 먹었고, 그 후로 마음이 많이 편안해졌다고 했다.

"엄마와 어떤 게 안 맞아? 별로 좋은 감정이 아닌 거 같은데."

"엄마가 저 자신을 인정하지 않았어요. 중학생 되고 나서부터 더욱 고통이었어요. 가장 힘든 건 학원에 빨리빨리 가라는 요구였어요."

"빠른 속도를 요구한 거네."

"네. 따르지 못했죠. 전 느리거든요. 성격도 안 맞는데, 엄마는 급하고 저는 그냥 물 흘러가는 대로 가는 편이라서요. 엄마는 드라마를 보면서 울기도 하는데, 저는 그게 몰입이 안 돼서 울고 있는 엄마를 보고 방에 들어가서 웃어요. 어릴 때는 내가 공부를 못한다며 화를 많이 내고 때리기도 했어요. 그래서 일부러 공부를 더 안 했죠!"

"복수하는 마음으로?"

"그런 것도 있어요. 제가 좋아하는 것만 해요."

"엄마가 싫어하면 더 좋겠네."

"그렇죠."

"엄마가 저를 아끼고 사랑하는 마음은 알겠는데 마음으로 와닿지 않아요."

"그렇구나. 엄마와 있을 때 주로 느끼는 감정은 뭐니?"

"두려움요. (이외에도 낯설다, 조심스럽다, 당황스럽다, 얼어붙다, 주눅들다, 겁나다, 가슴이 철렁하다, 당황하다, 안절부절못하다, 주저하다 등을 말하며 자신도 이렇게 많은 감정을 느끼는지 몰랐다면서 스스로 놀랐다)"

"어떤 직접적인 관련 경험이 있었니?"

"공부가 싫어요!라고 말했더니 실망스러운 표정을 지으며 설교를 하시고 화를 내셨어요. 아무 말도 못 했어요. 엄마가 저를 걱정해서 그러는 거라 이해는 돼요. 제가 대들면 엄마가 날 싫어할 수도 있겠구나! 하는 생각도 들었어요."

"널 싫어하는 거 같니?"

"실망할 수 있겠구나! 하는 생각이 들면서 절 버릴 것 같아요."

"그렇구나. 그런 걱정을 하는 이유가 있을까? 혹시 버림받은 기억이 있니?"

"기억나지 않아요."

"엄마와 있을 때 행복한 감정은 어떤 거니?"

"(흥미롭다. 고맙다. 행복하다. 신기하다. 아끼다. 재미있다 등을 이야기한다) 엄마가 내가 하고 싶은 것을 허용해 줄 때, 물건을 사줄 때 행복하고 아끼게 돼요."

"그렇구나. 넌 너에게 허용적이고 뭔가를 사주는 엄마는 좋은 엄마, 널 야단치는 건 나쁜 엄마로 나누는 거 같아. 근데 이상한 건, 엄마가 그렇게 무섭고 힘들면 공부를 하면 되는데 또 그건 안하네."

"(웃음)"

"엄마가 무섭고 힘들면서도 한편으론 사랑을 받고 싶어 하는 거 같아."

"맞아요."

"너는 아니라고 하는데, 네가 학교에 와서 힘들고 집에 가야겠다고 할 때는 늘 집에서 엄마랑 어떤 일이 있은 뒤였어. 내가 보기에 넌 신경을 많이 써. 엄마한테."

"맞아요."

"엄마의 사랑을 받고 싶니?"

"네. 그거야 늘 그렇죠."

"그럴 수 있지."

"엄마는 무심하세요. 한두 번이 아니에요. 늘 그래요. 엊그제는 엄마가 울더라고요. 힘들다면서요."

중간중간 아이는 엄마에 대해 과격하고 공격적인 말을 내뱉었다. A는 엄마의 사랑을 갈구하는 동시에 복수하려는 이중 감정을 갖고 있었다. "15년 동안 엄마의 사랑을 갈구했는데 안 오면 그냥 포기하는 건 어때?"라고 했더니 울면서 고개를 끄덕인다.

"마음 아픈 일이긴 하지만, 네가 원하는 독립을 하려면 공부해야 하는데 넌 그것도 안 하고 있어. 이러다가 언제 독립하겠어?"

"(웃음)"

"방법을 좀 바꿔보는 건 어때? 공부해서 성적을 높인다거나 하는."

"좋은 생각이에요."

"네 마음은 엄마랑 이야기하고 싶은 건데, 그 순간은 아무렇지 않은 듯 무시하거나 표현하지 않다가 불쑥 서운한 마음이 튀어나오는 거 같아. 엄마는 이해하지 못하지."

"그럴 수도 있을 거 같아요."

"집에서 엄마에게 서운하다고 이야기해 보는 건 어때?"

"싫어요. 잘 안 돼요. 방에 혼자 있게 돼요."

"그렇구나."

이후 A의 부모님과 상담 시간을 가졌다.

"밖으로 드러나는 아이의 말투나 생각은 어른이고 예의를 중요 시하며 당위가 강해 보여요."

"(엄마) 강박적인 경향이 있어요. 사회성은 초등학생처럼 어린 면이 있고."

아이는 엄마를 싫어하거나 어려워하는데, 아빠를 닮았다고 좋아 했다. 그래서 엄마가 시키면 바로 반항하고 따지는데, 아빠 말은 들 었다.

"(엄마) 아이와 저는 너무 달라요. 느리고 처지는 것 같아 신경을 더 많이 썼는데, 그걸 돌봄을 받았다고 생각하지 않아요."

아마도 엄마가 원하는 스타일로 키워서 개성이 강한 A가 이를 사랑으로 받아들이지 못했을 가능성이 있어 보였다.

"(엄마) 안쓰러워서 좋게 말하다가도 어느새 잔소리하고 있어요. 아버지는 아이가 경찰이 되고 싶다고 했을 때 좋다고 했는데, 저 는 틀 안에 들어가는 걸 싫어하는 딸에게 경찰은 맞지 않다고 했 어요."

"(아빠) 엄마가 이렇게 단정적으로 말을 하니까 아이와 싸우게 돼요. 저는 노력하면 될 수 있다고 말해 주고 있어요."

"잘 하고 계시네요."

"(아빠) 최근에 아이와 운동도 하고 맛있는 것도 먹자고 했더니 아이 엄마가 피곤하다면서 거절했어요."

"아빠가 나서서 딸과 친하게 지내는 것도 좋네요."

"(엄마) 공부를 너무 안 하려고 해요."

"학습 관련해서는 아이와 의논해서 결정하는 게 좋겠어요."

"(엄마) 그러면 아이가 아무것도 안 할 것 같아요."

"그렇더라도 아이의 선택을 존중할 필요가 있어요. 지금은 학습보다는 관계나 사회성에 초점을 두는 것이 좋을 것 같아요."

언니에게 분노하는 아이

"언니에게 주로 드는 감정은 뭐니?"

"솔직하게 말하면, 없었으면 좋겠어요. 거부감이 들고, 사라졌으면 좋겠어요. 매일 그런 생각을 해요."

"언니가 없어지면 좋은 점은 뭐니?"

"혼자 사랑받을 수 있겠죠!"

"혼자 사랑받고 싶니?"

"네. 언니가 없으면 저 혼자니까 엄마 아빠가 저만 좋아하잖아요."

"그럴 수 있지. 언니보다 더 사랑받기 위해 네가 한 일이 있니?"

"엄마나 아빠가 언니만 챙기고 그럴 때, 가만히 있었죠! 제가 많이 양보했죠! 멍청했던 거죠. 언니는 이기적이거든요. 자기밖에 몰라요. 자기는 하나도 양보하지 않아요."

"그럼 너도 양보하지 말지 그랬니? 뭔가 이유가 있었을 것 같은데?"

"부모님의 칭찬을 받는 것과 착한 동생이라는 생각 같은 거요."

"부모님은 칭찬을 많이 해주셨니?"

"많이는 모르겠는데 칭찬은 해줬어요."

"엄마는 평소에 칭찬을 많이 하진 않으시니?"

"그렇죠. 그렇게 했는데 되돌아오는 게 없었어요. 나를 잘 대해주거나 하지 않고 나를 조정하거나 무시했어요."

"그렇다고 네가 조정당할 것 같지 않은데?"

"맞아요."

"아까 너 자신을 멍청하다는 말로 표현했는데, 선생님은 동의하지 않아. 무엇 때문에 그런 생각을 하게 됐지?"

"제가 사회성 발달이 안 돼서 친구들과 못 어울렸어요. 엄마가 너는 생각이 독특하니까 애들과 똑같이 맞추라는 말을 했어요. 그러면 저는 제가 멍청하고 문제가 많은 것 같았어요."

"그럴 수 있지."

"엄마가 언니랑 비교를 많이 하셨어요."

"언니는 엄마랑은 어때?"

"엄마와 비슷한 면이 많아요."

"엄마와 언니하고 너하고 2대 1로 싸우는 느낌이 드네. 네가 버티기 위해 선택한 게 있니?"

"무시하는 거요."

"무시한다고는 하지만 언니에게 분노하는 것처럼 보여."

"맞아요. 화가 많이 나요."

담임에게 분노의 화살을 쏘는 아이

담임을 싫어하는 아이들끼리 밴드를 만들어 뒷담화를 하는 초등학생이나 단톡방에서 교사 욕을 하는 중학생도 있다. 뒤늦게 이 사실을 알면 담임의 자존감은 떨어지고 교직에 회의가 든다. 다행히 이 아이는 솔직하게 담임에 대한 자신의 마음을 말해서 담임은 이미 알고 있었다. 그런데 어느 날 담임과 말다툼을 한 뒤, 씩씩거리며 상담실에 찾아왔다.

"담임 샘은 무엇 때문에 싫어?"

"그런 사람을 싫어해요."

"어떤 사람?"

"다가오는 게 마음에 안 들어요. 저는 별로 친하게 지내고 싶지 않은데 다가오니까요."

"넌 다가오면 다가온다고 싫어하고, 친하게 지낼 사람이 없다고 힘들어하고. 어떻게 하라는 걸까?"

"수학 샘이 담임이었으면 좋겠어요."

"그렇구나."

"너 그림 그리는 거 좋아하잖아?"

"샘은 다른 분야의 미술을 가르쳐요. 싫어요."

"그래서 선생님이 미술실에 있게 했잖아. 네가 싫어하는 걸 알고."

"혼자 있는 세 싫어요."

"그럼 어떻게 하라는 거야?"

"제 말을 막 하고 싶은데 대화할 사람이 없어요."

"그러려면 친구를 사귀면 좋은데, 너희 반 아이들에게 다가가서 말을 거는 건 어때?"

"옆 짝꿍이랑 풍선으로 갖고 놀았어요."

"잘했네."

"어떻게 해야 할지를 모르겠어요."

"그렇게 하는 거야. 말도 걸고 같이 놀기도 하고 그러면서 친구가 되는 거지."

이 아이는 담임과 관계 단절을 시작으로 두 번째는 상담교사인 나를 팽했는데, 상담실에 불쑥불쑥 찾아왔을 때 자기에게 시간을 내어주지 않은 것이 이유였다. 세 번째는 과학 선생님이었는데, 수업 시간에 갑자기 공부하기 싫다며 상담실에 간다는 아이의 요구를 거절했기 때문이었다. 참으로 개성이 강한 아이였다.

분노 조절이 어려운 아이의 부모 상담

아이가 온종일 게임을 하고, 아침에는 일어나지 못해 등교를 못했다. 무언가에 하나 꽂히면 그것만 하는 경향이 강한데, 지금은 게임에 과몰입된 상황으로 보였다. 게임을 많이 해서 작년에는 아빠가 망치로 컴퓨터를 부수려 했더니, 이후 아빠에 대한 분노 감정이 매우 강해졌다. 아빠는 친구들이 부모님께 맞은 뒤 정신 차렸다는 이야기를 들은 적이 있어서 아들에게도 그런 방법을 사용했다고 했다. 이전 세대는 그랬지만 요즘 아이들은 폭력에 대한 인식이 다르고 매에 대한 면역력이 약하다는 말씀을 드렸다. 아동학대로 신고당할 수도 있다고 했더니 아빠는 동의하며 고치겠다고 하셨다. 이후 아이에게 지난번에 망치로 컴퓨터를 부수려던 것에 대해 사과했더니 아이는 기분이 좋아져서 아빠에게 짜장라면을 끓여줬다. 그러다 어느 순간 갑자기 기분이 나빠지면 다시 방에서 게임을 했다. 다양한 방법을 썼지만, 지금도 부모 말을 듣지 않은 상황이다.

"(아빠) 아이 엄마는 어릴 때부터 아이가 언어뿐 아니라 모든 것이 느리다는 이유로 계속 설명하고 설득하려 했는데, 그게 마음에 들지 않았어요. 아이를 계속 설득하는 소리를 듣고 있으면 화가 나고."

아빠 입장에서는 나름 참다 참다 야단을 치는 건데 아이와 엄마 입장에서는 불쑥 화를 내는 것으로 보여 억울하고 뜬금없다는 생각이 들었다.

"(엄마) 아이가 잘 알아듣지 못해서 그런 거 같아 반복적으로 설명하고 설득했어요."

"두 분의 입장이 모두 이해되지만, 정답이 없으니 어느 분이 맞고 틀린지는 알 수 없어요. 다만 한 분이 아이를 교육할 때 다른 한 분이 옆에서 비판하거나 반대하는 건 아이에게 도움이 되지 않아요."

부부 갈등으로 아이의 문제를 제때 바로잡지 못한 상황이 안타까웠다. 아이가 아직은 1학년이니까 치료를 받으면 빨리 개선될 수도 있다는 말씀과 함께 아이가 계속 저렇게 고립되어 있으면 길어질 수도 있다고 안내했다.

"(담임) 아빠는 1년 유예하는 것도 괜찮다지만, 최대한 졸업을 목표로 하자고 제안했어요. 아이의 상태가 심리 정서적인 문제인지 지능이나 자폐 등 다른 요인인지 정확한 검사나 진단을 통해 조치와 도움을 주면 좋겠어요."

"(엄마) 아빠가 톡으로 무엇을 하라고 했으며, 아빠는 늘 강압적으로 밀어붙이는 경향이 강한데 이번에도 그렇게 하면서 병원을 가야 하지 않겠나? 등의 말을 했더니, 아이가 물건을 던지면서 화를 냈고 이럴 땐 저도 어떻게 해야 할지 모르겠어요."

"제가 가진 한계는 아이를 한 번도 만나지 못했다는 점인데(당시 아이를 만나지 못한 채 부모 상담만 진행한 상황이었다), 아이가 화를 내면서 폭발할 때는 사람을 해치는 상황이 아니라면 화가 가라앉을 때까지 기다렸다가 풀리면 무엇 때문에 그랬는지, 화를 내면서 물건을 던지거나 특히 위험한 물건을 던지면 어떤 문제가 발생하는지 등에 대해 말하는 게 좋아요. 아빠가 화를 낸다거나 말을 함부로 하는 것은 문제이지만 병원 진단을 받거나 학교를 가야 하는 것은 맞는 말인데, 엄마가 아빠의 방식과 내용을 구별하지 않고 무조건 비난하는 것은 아빠에 대한 아이의 분노를 더 키울 수 있어요."

아이가 학교에 가지 않거나 화를 폭발하거나 낮밤이 바뀐 상태로 게임만 하는 것은 잘못된 행동이다. 이 상황에서 엄마가 아빠의 방식을 문제 삼으며 아이 편을 들면, 아이는 잘못을 아빠 탓으로 돌리면서 상황이 더 나빠진다. 지금은 힘을 합쳐 아이의 문제를 해결하기 위해 노력해야 한다. 아빠 방식이 잘못됐을지라도 말하는 내용은 엄마도 동의하고 네가 따랐으면 좋겠다는 말을 계속 아이에게 할 필요가 있다. 엄마가 남편에게 맺힌 풀리지 않은 응어리를 표출하고 있는 것 같다고 말했더니 그런 면이 있다고 했다. 아빠의 말투가 상처를 많이 주는 스타일이면 엄마가 많은 상처를 받았을 거라고 위로를 해드렸다.

"아이를 집 밖으로 나오게 하는 것은 부모님이 하셔야 해요. 지난번 아이가 등교했을 때 학급 아이들이 잘해 주고 학교에서 문제는 없었던 걸로 아는데, 아이가 다시 아빠 핑계를 대면서 학교에 오지 않아요. 지금 자신이 보이는 과다한 게임 시간, 등교 거부, 폭발적인 화 등의 원인을 모두 아빠 탓이라며 핑계를 대는 전형적인 사춘기 아이의 모습이기도 해요."

분노를 제대로 표현하지 못하는 아이들

아이들이 우울이나 강박, 조현병 경향 등 정신적인 문제로 나빠지는 과정에서 가장 영향을 미치는 감정은 분노이다. 어릴수록 부모에 대한 분노가 영향을 크게 미친다. 간혹 선생님이 아이들에게 큰 영향을 미칠 거라고 걱정하는데, 이는 실제로 아주 미미한 수준이다. 교사라면 교실에서 아이가 부모에 대한 불만이나 분노를 표현할 때 머뭇거리지 말고 아이 편을 들어주어야 한다. 그러면 아이가 부모 이야기를 실컷 한다. 어느 순간 "너희 부모님 너무 하네!"라는 말에 "우리 엄마 아빠 그렇게 나쁜 사람 아니에요!"라고 항변할 것이다. 마음이 다 풀렸다는 신호이다. 아이가 부모 뒷담화를 할때 "너희 엄마 아빠가 너 잘되라고 그러지, 못되라고 그럴까 봐! 철좀 들어!"라는 말로 관계에 지진을 내지 마시길 바란다.

아이들은 분노를 조절하고 표현하는 방식을 주로 가정에서 배운다. 알다시피 부모 역시 자신의 감정을 건강하게 표현하는 법을 배우지 못했고, 특히 부정적인 감정으로 여겨지는 화가 더 그렇다. 교사인 우리 역시 그럴 수 있다. 화는 사실 인간의 기본 감정이다. 화가 없는 사람은 도인이라고 할 정도이니 말이다.

치료의 관점에서는 화를 억누르는 것보다 표출하는 것을 더 건강하게 본다. 요즘 학교폭력에 대한 제재가 강해지면서 분노를 삭이는 아이들이 많아지고 결과적으로 자해하거나 우울에 빠지는 경향이 있다. 밖으로 표출하여 학교폭력을 하라는 말이 아니다. 분노를 표현하는 법을 배우지 못한 아이는 비효율적으로 대처하고 부적절한 방식으로 표출한다. 폭력적인 영상에 빠지고 극단적인 분노를 표현하면서 복수를 꿈꾼다. 이유를 들어보면, 저렇게까지 화내고 분노할 일인가 싶다. 심리적인 상처가 많은 아이도 우울뿐만 아니라 분노를 자주 경험하고 공격적으로 표출한다.

감정적인 교사, 이성적인 교사

선생님들도 학교에서 아이들을 가르치고 지도하거나 학부모 상담을 할 때, 또는 업무를 하면서 화가 난다. 그럼에도 대부분 밖으로 표출하거나 드러내기보다 속으로 누르고 마음의 평화를 유지하려 한다. 참다 참다 터지기도 한다. 폭발 후 따라오는 것은 자책과 후회다.

학교에서 화가 나거나 속상한 일이 있을 때 감성적인 교사와 이성적인 교사가 어떻게 다른지 이야기를 들어보자.

교사 A - 감정이 앞서는 경우가 많아 후회할 때가 종종 있어요. 요즘 아이들은 자기주장이 강해서, 지시에 따르지 않는 것을 넘어 반기를 들더라고요. 이런 아이에게 잔소리하면서 더 열받고 감정 조절이 안 돼서 폭발하는 거죠. 자기 딴에는 논리적이라 우기지만, 가만히 들어보면 자기 잘못을 합리화하여 빠져나가려는 것이니까. 그래서 더 화가 나요. 인정하면 끝날 일인데…. 뒤늦게 흥분한 내 모습이 부끄러워지면서 '내가 교사로서 자질 부족인가?' 하는 자책이 밀려와요.

교사 B - 수업 시간에 아이들이 장난치거나 떠들면 처음에는 참다가, 아니 참아주다가 어느 순간 폭발에 가속도가 붙어요. "누구야! 하지 마라." 그래도 첫 번째 학생에겐 조용히 말해요. 두 번째 걸리면 그때는 아까 아이 몫까지 합쳐지는 거죠. "아까 하지 말라는 소리 못 들었어!" 짜증 섞인 목소리로 소리를 지르게 돼요. 여기까진 좋았는데, 그때 어떤 아이가 웃긴 말이나 행동을 하면 웃음이 나와버리는 게 문제에요. 순간 긴장했던 이이들은 풀려비리고 다시 장난쳐요. 권위는 쥐뿔, 감정적인 나의 한계이자 장점이죠. 내가 화내는 순간 받은 상처를 안고 평생 나를 원수로 생각하면 어떡하지? 하는 걱정은 안 해도 돼요.

교사 C - 몇 번 주의를 줘도 학생이 고치지 않을 때, 화를 내면서 혼을 내요. 내 화에 겨워 감정 조절이 안 될 때가 있어요. 특히, 버릇없을 때. 나를 무시하는 느낌이 들고, 나를 만만하게 보니까 이렇게 함부로 하겠지! 하는 생각으로 속이 부글부글 끓어요. 어느 학교에서 한 아이에게 심하게 화를 낸 후, 그 아이와 어색해졌어요. 두고두고 후회와 상처만 남았던 일이에요. 돌이켜 보면, 아이 입장을 고려하지 않고 내 욕심과 판단이 문제였던 것 같은데, 그땐 그렇게 화가 났어요. 경력이 쌓이면서 여유가 좀 생겼죠. 그 아이의 성향으로 받아들이고, 이유가 있겠지! 하며 한 발짝 물러나게 됐어요. 내가 화를 내서 그 아이가 바뀐다면 계속하겠지만, 지켜보는 다른 아이들에게도 미안한 일이라는 걸 깨달았죠. 무엇보다 나 스스로 많이 힘들었어요. 불편한 관계도 그렇지만 아이들에게 화를 낸 나를 자꾸 자책하고 의심하게 되더라고요.

감정적인 경향의 선생님은 화를 폭발하거나 감정대로 움직인 것에 대한 후회를 하지만 장점도 있다. 감정을 있는 그대로 생생하게 표출하고 시간을 오래 끌지 않기 때문에 아이들과 빨리 갈등을 풀고, 친해질 수도 있다. 감정에 솔직하다는 건 슬픔이나 화뿐만 아니라 기쁨과 행복감도 많이 느낀다는 의미이다. 아이들은 살아 있는 감정 덩어리다. 감성이 풍부한 선생님은 아이들과 마음을 터놓고 지낼 가능성이 높다. 아이들의 감정 흐름과 함께 하다 보면 다이내믹한 학교생활이 된다. 이런 담임 교사라면 학급에서 아이들과 동고동락하면서 끈끈한 전우애가 생길 수 있다.

이와는 반대로 끝까지 감정을 드러내지 않고 이성의 끈을 유지하는 선생님도 있다.

교사D – 나는 아이들에게 무표정하며 말투도 딱딱한 편에 속해요. 매사에 차분하고 감정을 드러내지 않으며 목소리도 높이지 않아요. 화가 날수록 목소리를 낮추고 말도 적게 해요. 아이들은 이런 나에게 "선생님 포스, 오호!!" 등으로 추켜세우기도 해요. '너무 차가운가?'라는 생각을 하면서 '내가 좀 바뀌어야 하나?' 고민한 적이 있었어요. 그럼에도 넘볼 수 없는 강한 포스를 풍기며 오늘도 무표정하게 복도를 걸어가요.

교사 E – 학생의 문제를 이성적으로만 처리해요. 원래 기질은 그렇지 않은 것 같기도 한데, 지금 근무하는 학교에 폭력적인 아이와 정신적으로 어려움이 있는 아이, ADHD 아이가 많아서, 이 아이들과 온종일 부딪히고 싸우다 보면 어느새 퇴근 시간이 돼요. 그러니 학생들의 마음을 들여다보기보다는 수습을 먼저 고민하게 되더라고요. 감정에 휩쓸리지 않고 효율적으로 아이들의 문제를 처리하는 마음 한편으로는 늘 무겁고 뭔가 모를 허진힘이 올라와요.

교사 F – 지나치게 논리적인 편이에요. 아이들이 잘못했을 경우 대충 넘어가지 못해요. 잘못을 조곤조곤 따지거나 반박하지 못하게 입을 막아버려요. 앞뒤 상황을 철저하게 조사해서 아이들을 주눅 들게 하지만 문제를 정확하게 파악하여 해결하는 장점도 있어요. 냉정하고 정확하게 문제를 보고 인과 관계를 파악하기 때문에 아이들이 결과를 잘 수궁하더라고요. 이런 이성적인 나의 특성은 고학년 담임일 때는 좋은데, 살아 있는 감성 덩어리인 저학년 담임을 할 땐 나와 아이들 모두 괴로워요.

교사 G – 내 기억이 맞다면, 처음부터 내 표정이 굳었던 것은 아니었어요. 발령 초기에는 설레는 마음으로 아이들을 만나면서 '정말 좋은 선생님이 되어야지' 다짐하고 따뜻하게 대했거든요. 나름 해맑은 표정을 지을 때도 많았어요. 한 달, 한 학기, 일 년이 지나면서 내가 지쳐가더라고요. 교사의 권위는 별나라로 가버리고, 교실은 시끄러운 시장이 되어버리는 거예요. 조용히 하라는 소리 하느라 진을 다 뺐어요. 옆 반 아이들은 조용하고 학급 운영이 잘되는

데, 우리 반은 개판 오 분 전 같다고나 할까? 내가 무능하다는 생각이 들고 창피하더라고요. 뭐가 문제지? 아이들에게 내가 너무 만만하나? 온갖 번뇌와 망상이 생겼어요. 그렇게 몇 년 후 나도 모르게 표정이 굳어지고 아이들에게 무섭게 보이려 애썼어요. 노력의 결과 지금 나는 웃지 않고, 아이들과 선을 그으며, 표정 변화는 거의 없는 얼굴로 변해 버렸어요. 속상하게도.

학생과 관계에서 감정적인 모습이든 이성적인 모습이든 모두가 교사의 성향이고, 교실 상황과 학생이나 학급 스타일에 맞게 적재적소에 사용하면 괜찮다. 문제는 아이들이 감정을 있는 그대로 표현하는 상황에서 지나치게 이성적이고 냉정하게 반응하거나, 그 반대 경우 어려움이 생길 수 있다. 감정적인 선생님은 모든 감정을 아이들과 나눌 수 있는 장점을 갖고 있다. 한편 생활 지도에서 이성의 칼이 필요한 순간이라면 정확한 판단을 하는 이성적인 선생님의 특성을 잘 살리면 좋겠다. 시간이 지나면 아이들도 냉정한 선생님의 따뜻함을 알아준다. 다만, 어떤 경우든 자신의 감정을 표현하지 않아서 생긴 스트레스를 온몸으로 받아들여 혼자 아프지 마시길 바란다.

반항하는 아이들

—

많은 선생님은 아이들이 반항하는 이유가 자신을 무시해서라고 생각한다. 버릇없고 싸가지 없다고 생각하며 기막혀한다. 예의를 지키지 않는 것에 대해 분개하거나 자신이 선생임을 강조한다. 심리 치유적인 관점에서 반항은 자신의 힘을 찾아가는 과정으로 자연스러운 것이다. 반항은 성장하면서 자신의 힘과 생각, 감정을 밖으로 드러내는 것이다. 건강하게 받아주어야 한다.

한편으로 담임은 아이들을 적당하게 좌절시키는 역할을 해야 한다. 요즘 아이들은 집 안팎에서 자신을 꺾을 일이 거의 없다. 모두는 아니지만 대부분 경제적으로 넉넉하여 별 어려움이 없고, 부모 또한 아이의 요구를 대부분 들어준다. 이 과정에서 아이는 집 안에서 갑의 위치로, 등교하면서 을의 위치를 맛본다. 처음으로 을이 되는 유치원에서는 조직 속 자신보다는 여전히 독립된 갑의 위치를 유지한다. 유치원 선생님들, 특히 사립 유치원 선생님들이 하는 이야기를 들으면서 함께 엉엉 울었던 기억이 있다. 박봉도 문제지만 부모보다 더한 조부모의 등쌀에 너무 힘들다고 했다. 무릎을 꿇는 일도 비일비재하고, 심지어 원생은 한 반에 30명 정원이란다. 가장 힘든 조부모는 퇴직한 초등교사(교장) 출신이라는 말을 듣고 웃다가 울다가 했다. 그 많은 민원을 받아주는 유치원 선생님들이 있기에 초등에서 그나마 그 정도다.

초등학교에 오면서 아이는 학급 속의 한 명인 을이 되고 삶의

쓴맛을 경험할 확률이 높은데, 부모와 조부모의 등살에 의해 겪지 못할 수도 있다. 이때 담임과 부모의 신경전이 시작된다. 교사가 포기하거나 상처받고 물러나면 그 아이는 갑의 위치를 고수하게 될 것이다. 결과적으로 이 아이는 성장하지 못하거나 안하무인이 될 가능성이 높다. 실제로 그런 일은 흔하다.

세상을 살아가면서 늘 갑인 사람은 존재하지 않는다. 내 아이에게 고통이나 좌절을 겪게 하고 싶지 않은 부모의 마음은 알겠으나 아이의 미래를 생각할 때 어리석은 선택일 수 있다. 좌절을 겪지 않은 아이가 세상의 시련을 어떻게 견디겠는가? 살아가면서 삶이 뭔가 자신의 뜻대로 되지 않을 때, 그 화살은 부모를 향할 것이다. 부모는 좌절을 겪지 않도록 하는 것이 아니라 좌절을 겪은 아이가 일어나도록, 그래서 한 발짝 나아가도록 돕는 사람이다. 힘겹게 일어나서 한 발짝 나아갈 때 버티고 기다려주는 것이 충분히 좋은 엄마의 역할이다. 선생님도 마찬가지다. 우리 반 아이가 좌절을 경험했을 때 비난하지 말고 일어나도록 기다리고 버텨주는 것이 교사가 할 일이다.

반항은 빨리 할수록 아이와 부모, 교사 모두에게 좋다. 이 한 몸 희생하여 저 아이의 반항을 받아주리라는 마음으로 버텨보자. 초등학생의 반항은 담임이나 부모의 통제권 안에 들어온다. 드물게 초등 아이가 혼자 크게 반항한다는 것은 내면의 힘이 대단함을 뜻한다. 반항하는 아이를 잘 다독이지 않으면 더 강한 강도로 누군가를 공격할 것이다. 내면의 힘이 부족한 초등 아이들은 보통 친구들과 함께 반항하고, 학년이 올라갈수록 혼자서 문제를 일으킨다. 아이가 자라 힘이 생기는 것이다. 중학생이 되면서 서서히 통제를 벗어나고 고등학교 때 시작하는 반항은 최소 등교 거부라 교사와 학부모가 관리하기 어렵다. 이런 점에서 빠른 반항이 차라리 낫다.

아이들은 성장하면서 자신의 힘을 찾고 싶거나, 자신의 존재를 확인하고 싶어서, 자신의 존재 자체를 인정받고 싶어서 반항한다. 가끔 자존감이 낮은 아이들은 본인을 부정적인 존재로 확인받고 싶어서 대든다. 어떤 경우든 반항은 아이의 힘이 커가는 것이며 독립적인 개체로 자라고 있음을 뜻한다. 어떨 땐 이유 없이 어른이 싫거나 그냥 마음에 안 들어서 대들기도 한다. 어떤 선생님을 유독 싫어하는 아이에게 물어보면, 선생님이 자신이 싫어하는 엄마나 아빠와 닮아서 그렇단다. 부모에 대한 미움을 담임에게 투사하는 것이다. 사랑해서 결혼한 남편을 닮았다는 이유로 자녀를 싫어하는 엄마와 닮았다. 아니! 아빠를 안 닮은 게 이상한 것 아닌가.

일탈 행동으로 반항하는 아이

"무슨 일이 있었니?"

"지난 주말에 아이들과 술을 마셨는데 경찰이 왔고 부모님도 오셨어요."

누군가 신고를 한 걸로 보였다.

"술은 처음이니?"

"아니요. 지난번에도 마셨는데 마실 만했어요. 소주와 맥주를 함께 마셨고, 재미있었어요."

"부모님은 어떻게 하셨니?"

"욕하면서 짜증 내셨어요."

"너는 어땠어?"

"부모님께 미안했어요."

"그런 마음이 들었다니 다행이네."

공부하기 싫어하는데도 학교에 꼬박꼬박 잘 나온다고 했더니, 학교에 오는 것이 좋고 등교정지가 제일 싫단다. 학교에 오면 학년부장 선생님은 너무 진지하고, 담임 선생님은 자기들이 뭐라 하면 화를 바로 내기 때문에 재밌다고. 친구들과 노는 것도 즐겁단다.

"너는 재미있어 좋은데 엄마는 매일 학교에 불려 오고, 너희 엄마 완전 극한 직업이다."

"네, 그렇죠."

"담배는 어떠니?"

"담배는 3개월 정도 됐는데 그냥 습관적으로 피우는 것 같아요."

"어떤 점이 좋니?"

"딱히 좋은 점은 모르겠어요."

다른 아이들의 말을 빌려서 폐활량이 줄어든다고 했더니 체력이 약해지는 데 동의하고, 본인에게 냄새가 나고, 이도 누렇게 변하고 있다고 했다. 엄마는 담배 피우는 걸 알고 있지만 아빠는 모르시고 알면 크게 혼날 것이라고 했다. 들키면 쌤통이겠다 했더니 웃음을 지었다. 상담하기 싫으면 더 이상 사고는 안 치는 게 좋겠다고 했더니, 주말에 술 마신 거 말고는 없다고 했다.

선생님을 놀리고 화나게 하는 아이

"생활교육위원회가 열린 이유가 뭐니?"

"선생님들에게 깝죽거린 거요."

"1학년 때는 어땠니?"

"그때는 그래도 이렇게 심하진 않았는데 2학년 때부터 심해진 거 같아요."

"너도 인정하는 거니? 이유가 있니?"

"재밌는 걸 멈출 수 없는 거 같아요. 그러지 않으려고 하는데도요. 밤에 친구들과 얘기하고 공원에서 노는 게 좋아요."

"친구들과 돌아다니면서 노는 걸 좋아하는구나!"

"네. 친구들은 나를 재밌고 잘 웃고 활발하다고 생각해요."

"싸가지 없는 애라고 생각할 수도 있지 않을까?"

"그것도 맞아요. (웃음) 엄마는 좋게 말씀해 주셔요."

"믿음을 주시는 엄마에게 너는 또 수업 땡땡이치고, 선생님께 깝죽거려서 생활교육위원회 오시라고 했구나!"

"그러게요. 어떤 순간 야단맞을 때 '이런 말을 하면 선생님이 더 혼내겠구나!' 하는 생각이 들어요. 그게 재미있을 거 같아서, 선생님이 열받는 모습요. 혼이 나는 상황이라도 그런 말을 해요."

"혼을 내는 선생님의 열받는 모습이 재밌다는 거잖아."

"네."

"5일 동안 복도 청소하는 건 어떨 거 같아?"

"재미없을 거 같아요. 힘들 거 같아요. 학교생활이 걱정되는데 재미있어서 계속 사고를 치면, 강제 전학은 무서워요. 우리 학교 친구랑 헤어져야 하고, 선생님도 좋은데 못 만나니까요."

"그렇구나. 그런 놈이 계속 그러냐!"

"멈출 수가 없어요. 더 재미를 찾다 보니까요."

무서워하는 것이 공포영화라고 했다.

"너 실제로는 스케일이 작구나! 그래서 혼자 무서우니까 친구와 함께 떼로 선생님께 덤비는구나."

"네. (웃음)"

"여친은 있니?"

"다른 학교 애예요."

"우리 학교엔 마음에 드는 아이가 없었어?"

"우리 학교 애들은 제가 어떤 아이인 걸 아니까요."

"푸하하하. 너도 아는구나!"

"네."

가장 가지고 싶은 것은 똑똑한 머리라고 했다.

"재미를 추구하니까 공부는 힘들겠다."

"졸업하고 나서 경찰이 되고 싶어요."

"학폭 전담 경찰이 돼서 학교로 가면 너처럼 깝죽거리는 애들 이해는 잘하겠다! 강추야!"

"그럴 거 같아요."

때때로 장난을 심하게 친다고 하여, "자주 아니니?" 했더니 인정한다면서 웃어보였다.

"사람들 때문에 슬픈데…."

"어떨 때?"

"무시할 때인데, 별로 많이 느끼진 않아요. 선생님들이 무시하면 기분이 나빠요."

"그럼 넌 어떻게 하니?"

"그냥 가만히 있어요."

"복수하는 거 같은데?"

"네. (웃음)"

"네가 복수하는 걸 선생님들이 모를 거라 생각하는구나!"

"(웃음)"

"너를 실제로 무시하는 거니? 아니면 무시한다고 네가 생각하는 거니?"

"제가 혼자 찔려서 무시한다고 생각하는 거 같아요. 엄마가 '넌 왜 그렇게 공부를 안 하냐!' 할 때 절 무시하는 것처럼 들릴 때가 있어요."

"사실이잖아? 엄마가 그러면 넌 뭐라고 하니?"

"뭐라 뭐라 하면서 대들어요. 가장 화나게 하는 것은 시간인데, 놀 시간이 부족해요. 엄마와 아빠는 좋지만, 서운한 면도 있어요. 엄마는 내가 정신 차릴 때까지 기다려줬으면 좋겠는데 자꾸 사고 치니까 포기한 거 같아요. 그래서 서운해요."

"그럴 수 있지. 포기하진 않으셨을 거야. 엄마니까."

"아빠는 별로 말씀이 없으신데 제가 원하는 걸 더 해줬으면 좋겠어요."

"언제까지 이럴 거니?"

"올해까진 할 거예요."

"1학기에 끝내면 안 될까?"

"(웃음)"

반항한 적 없는 교사, 일상이 반항인 아이들

학교 다닐 때 반항한 적이 있느냐는 질문에 교사 10명 중 많으면 1명 정도가 그런 적이 있다고 답한다. 반항의 정도 역시 요즘 아이들이 교사에게 대들거나 안하무인으로 행동하는 것과 비교하기 어렵다. 학원 땡땡이나 숨어서 친구들과 수다 떠는 것 정도였다. 이런 경험에 비춰볼 때 선생님은 아이들의 반항을 이해하기 어렵고 받아들이기 쉽지 않다. 나를 무시하지 않고는 도저히 저런 말과 행동을 할 수 없는 것이다. 내가 먼저 화를 내거나 짜증을 내면서 야단친 것도 아니고, 그냥 해야 할 걸 시키고 이유를 물어보는데 왜 아니꼽게 쳐다보고 기분 나빠하는지 알 수 없다. 자기들은 친구가 꼽주는 걸 제일 싫어하면서 말이다. 그나마 욕하지 않고 소리 지르지 않아서 고마워해야 할 판이다.

아이들이 선생님에게 함부로 하는 건 무시하기 때문일 수도 있지만, 그 아이들 일상생활이 그냥 그렇다. 아이들 뇌 속을 몰라서 정확하진 않지만, 그냥 짜증 나고, 그냥 싫고, 재수 없단다. 그 상태인 아이들에게 야단을 치다니, 우리가 잘못한 거다. 코로나가 끝나고 등교한 아이가 왜 인터넷으로 해도 되는데 학교에 와서 의자에 앉아서 들어야 하는지 모르겠다며 짜증을 냈다. 집에서는 누워서도 들을 수 있었다면서. 덧붙여 수업 시간에 비해 쉬는 시간은 왜 이렇게 짧냐면서 학교에 불을 지르고 싶다고 했다. 불을 안 질러서 고맙다고 해야 할까. 근데 불을 질러도, 아마 다른 곳에서 수업은 계속 해야 할 걸? 했더니 아이가 빵 터지며, 포기할게요 한다.

의외의 사실은 카리스마가 없어 학생을 통제하지 못하는 것을 속상해하는 선생님은 특유의 부드러움이 있어 오히려 아이들의 반항을 부르지 않는다는 것이다.

교사 A – 카리스마가 부족해요. 아이들에게 무섭게 보이려 웃지도 않는데 영 먹히지 않아요. 잘못을 해서 나름대로 혼을 내고 있는데 정작 학생들은 무서워하지 않는 거죠. 카리스마 넘치는 선생님에게 "어떻게 하면 그렇게 될 수 있어요?"라고 묻기도 해요. 새 학년을 맡으면 무서워 보이기 위해 '교실에서 웃지 말 것!'을 다짐하거든요. 그러나 교실에 들어가서는 웬걸! 학생들이 너무 귀엽고, 말과 행동을 보고 있으면 나도 모르게 웃음이 나와요. 사랑스럽잖아요! 마음 한편으로 학생들이 나를 무서워하고 내 말을 좀 들어줬으면 하는 미련도 있지만, 힘을 주는 방식은 내 것이 아니라 생각하니 편안해지더라고요. 그 덕분에 학생들이 친근하게 다가오고 고민을 재잘재잘 털어놓아요. 그래서 아이들의 마음을 잘 알 수 있고, 힘든 일이 있으면 나와 의논해요. 덕분에 학생 지도에 많은 도움이 돼요. 아이들이 반항하거나 대들지 않더라고요. 처음에는 무서운 선생님에겐 꼼짝하지 못하면서, 나에게 스스럼없이 다가와 장난치는 아이들을 보면 '나를 만만하게 보나? 나를 무시하는 건가?' 하고 속상했었죠! 지금은 '나를 친근하게 생각하는구나!' 하고 기쁘게 받아들여요.

교사 B - 교사로서 나는 학생들에게 권위를 내세우지 못해요. 학창 시절이 떠올라 학생들의 입장이 너무 이해가 잘 돼요. 아이들의 행동이 잘못이라기보다 저 나이대에 그럴 수 있지! 라는 생각이 먼저 들어요. 가능하면 이해하고 조용히 넘어가다 보니 학생들은 꾸중하지 않는 선생님이라 여겨 내 말을 안 들을 때도 있어요. 다른 선생님들은 눈빛 한 방만 쏘아도 학생들이 쥐 죽은 듯이 눈치를 보던데. 조용히 야단쳐도 말도 잘 듣고. 우리 반은 소리 소리를 질러야 해요. 내 말이 안 먹히는 거죠. 내가 화를 내도 잘 먹히지 않아요.

교사 C - 굉장히 허용적인 마인드를 갖고 있어요. 학생들이 무엇을 하든 귀여워요. 아이들이 질문하는 것을 다 받아주다 보니 정말 사소한 것까지 말해요. 쉬는 시간에 화장실 가는 것도 허락받고 간다니까요. 아이는 그저 선생님이 좋아서 뭐라도 묻고 싶은 거겠지만 그것도 스무 명이 넘어가면 정말 버거워요. 한편으로 본의 아니게 집안 분위기까지 알게 되어 학부모 상담에서 할 이야기가 많아지고, 아이들이 나에게 대들지 않아서 좋아요.

욕하는 아이들
—

아이들은 성적이나 품행과 무관하게 욕설로 대화하고 시도 때도 없이 '욕'을 한다. 말에 욕을 섞는다기보다 욕에 말을 섞는다. 바람직한 것은 아니지만 그들에게 욕은 의성어이자 자신의 감정을 표현하는 수단이다. 아이들끼리는 욕설로 하는 대화가 전혀 이상하지 않으며 듣고 있는 어른만 민망하다. 학교에서 아이들 욕을 하도 많이 듣다 보니, 욕이 섞여 있지 않은 바른 말 고운 말을 들으면 뭔가 허전할 정도다.

교사들에게 욕은 하면 안 되는 것, 바른 말 고운 말이 아닌 나쁜 말, 자신의 수준을 낮추는 저급한 말이라 배웠다. 가르친다고 해서 아이들이 모두 따르는 건 아닌데, 교사들은 태생이 말을 잘 듣는 모범생이라 학생 때 하지 말라는 건 안 했다. 당연히 욕을 잘 하지 않았다. 이런 우리에게 일상생활이 욕인 아이들이 눈앞에 있다. 그것도 아주 많이. 초등 아이들은 그나마 교실에서 제지하면 멈추지만, 중학생 이상은 제지하는 것도 힘들다. 교실 밖에서 하는 욕은 통제권 밖이다. 욕이 아이들의 일상어다 보니 내 앞에서 안 하면 고맙고 그냥 모른 척 넘어갈 수 있다. 이 흐름을 바꾸기에 역부족이므로 포기하는 면도 있다. 그러나 내 앞에서 나한테 뱉는 듯한 아이들의 욕은 참을 수 없고, 교사를 화나게 한다. 교사 앞에서 대놓고 하는 'X발'이라니! 뭘 잘했다고 눈까지 부라린다. 교사 입장에서는 어이없고 화가 날 수밖에 없다.

수업 시간에 학급 규칙을 어긴 아이에게 청소하고 가라는 말을 했더니 "아이! 씨X!"이라고 내뱉었다. "너 이리 와봐! 뭐라고?" 하니, "저 혼자 한 말인데요! 혼잣말도 못 해요?"라고 한다. 기분이 몹시 더러워지면서 말문이 막힌다. 감정 싸움의 시작이다. 안타깝게도 이길 수 없는. 아이와 싸우면 기분 나쁨이 오래 가고 그 아이와 끊임없이 신경전을 해야 한다. 그냥 넘어가면 자존심이 상하고 교육적으로 아닌 것 같다. '내가 이런 대접을 받으려고 그 어려운 임용 시험을 쳤나?' 하는 자괴감이 든다. 실제로 아이가 교사에게 욕을 했을 수도 있고, 아니면 그냥 화가 나서 평소대로 의성어가 튀어나왔을 수도 있다. 하필이면 '너님이 욕을 하시는데 내가 거기 있었던 거'다.

욕은 양날의 검이다. 분노와 스트레스를 표출함으로써 물리적인 폭력을 막기도 한다. 꾹꾹 눌러 담아두는 것보다 감정을 표출함으로써 자신을 해치지는 않으니까. 그렇다고 해도 욕을 날 것으로 해대는 학생 앞에 서 있는 선생님은 무슨 죄일까. 또 다른 문제는 자신의 마음이나 행동을 욕으로 대체함으로써 어휘력이 몹시 떨어지고, 이는 낮은 문해력과 언어 수준으로 이어진다는 점이다. 이전에 심리 검사를 할 때는 검사 자체를 싫어하는 학생이 많아 고민이었다면, 요즘은 검사 문항에 있는 단어를 이해하지 못해 그것을 물어보느라 대부분 시간을 할애한다. 정서행동특성검사 역시 딱히 어려운 단어가 없음에도 뜻을 물어보느라 진행이 안 될 정도다. 희한한 것은 친구에게 말할 땐 듣지 않고 똑같은 낱말을 또 묻는다는 것이다. 당연히 행간은 읽지 못한다.

외모가
전부인 아이들
—

학교에 따라 다르지만, 중학교 이상은 아이들의 화장으로 교사와 아이가 잘 다투지 않는다. 막다 막다 지쳐서, 감정 싸움을 하다 지쳐서 알고도 모른 척한다. 초등학생과 담임의 전쟁은 여전히 진행 중이다. 화장하고 싶은 이유를 물었을 때 아이들은 "쌩얼로 어떻게 다녀요? 찌질해 보이잖아요!"라고 반문한다. 쌩얼 그대로가 얼마나 이쁜지, 화장이 얼마나 피부를 망가뜨리는지, 내면의 중요함을 말해 봤자 꼰대의 잔소리일 뿐이다. 색조 화장이라도 조금 연하게 하면 좋으련만 무슨 귀신을 보는 것 같다. 미적 감각이 없어서 그렇게 보인단다. 부모들이 화장품을 사준다고 하면 더 이상 할 말이 없어진다. 부모도 말을 하다하다 지쳐서 포기하신 걸 거다.

아이들이 진한 화장을 하는 것 자체가 문제는 아닐 수 있다. 간혹 화장을 하기 싫지만 안 하면 찐따가 되기 때문에 한다는 아이도 있다. 자신의 주관대로 화장하기 싫으면 안 해도 상관없는데 눈치를 보는 것이다. 다른 아이들이 하니까, 안 하면 나만 이상하니까, 못생긴 얼굴이 이뻐진다는 이유로 화장을 한다. 이를 더 자극하는 것은 SNS이다. 이 과정에서 아이들은 외모와 자신의 몸에 대한 자존감이 낮아진다. 아무리 꾸며도 본인보다 이쁜 연예인이 있기 때문이다. 더 큰 문제는 끊임없는 다이어트로 몸을 망가뜨리는 데 있다. 여학생들은 살찐다는 이유로 급식을 먹지 않으며 먹고 토하는 등 섭식 장애를 가진 아이들이 많다.

상담교사의 시선에서 외모를 가꾸거나 화장하는 것, 다이어트를 하는 것은 심리적으로 염려스러운 면이 있음에도 후순위로 밀린다. 이로 인해 정신적인 문제를 초래하는 아이도 있지만, 보통은 애교 수준으로 봐줄 만하다. 이보다 훨씬 더 큰 심리 정서적 문제를 가진 아이들이 많기 때문이다. 그러나 담임이나 생활지도 관점에서 어려움은 분명히 있다. 중학생은 흐름을 바꾸기가 역부족이라 어쩔 수 없다 해도, 초등학생만큼은 화장하지 않은 자신의 외모를 수용하길 바라는 마음이 나 역시 있다.

고삐 풀린 망아지,
성(性)

—

상담교사인 나도 아이들의 성 의식과 가치관을 이해하는 데는 어려움이 있다. 사귄 지 얼마 정도 지나면 성관계를 맺고 동영상을 촬영하여 기념으로 남겨둔다는 아이에게 상담교사고 뭐고 욕이 튀어나온다. 아주 마음을 활짝 열어서 촬영하는 것까지 용납한다고 해도 그것을 각자 나누어 가지다니, 아찔하다. 사이가 끊어지거나 둘이 싸우면 여지없이 동영상 유포 문제가 생길 수 있기 때문이다. 실제로 생긴다.

둘이 사귄다는 티를 교실이나 복도, 또는 보이지 않는 학교의 어느 공간에서 스킨십하는 수준은 차라리 애교다. 중학교 1학년인 두 아이가 사귀면서 온 학교에 티를 내고 다녀 성교육 예산을 의논할 때 어떤 선생님은 "이전 고등학교에 있을 때 하도 학교에서 스킨십을 하여 못 붙어 다니게 했더니 밖에 나가서 더 큰 사고를 치고 왔어요."라며 웃으셨다.

안드로메다로 가는 아이들의 성 의식을 따라가야 할지, 수용해야 할지, 가르쳐야 할지 참으로 난감하다. 나도 성 상담 전문가는 아니라서 치료나 교육이 필요한 아이들은 전문가에게 의뢰한다. 그 선생님들의 이야기를 들어보면, 우리가 알고 있는 아이들의 성은 빙산의 일각에 불과하다.

남친과 헤어져서 우울한 아이

담임 선생님으로부터 상담 의뢰가 왔다. 아이는 최근 가출한 적이 있으며, 부모님께 휴대폰을 빼앗겨서인지 아주 우울한 표정으로 죽상이라고 했다. 하지만 인스타에 올라온 세상 밝은 모습은 학교에서의 표정과 너무 달라 당황스러웠다. 부모 상담도 필요해 보였는데, 그 전에 아이를 만나는 게 좋겠다며 의뢰를 해오셨다.

문장완성검사를 했더니 아이는 가장 행복한 때, 가장 좋았던 거, 가장 좋아하는 사람이 전 남친이라 적었다. 가장 걱정되거나 무서워하는 것은 그 아이와 다시 만나지 못하거나 자기 옆에서 사라지는 것. 가장 가지고 싶은 것은 남친인데, 그렇게 되면 다른 여자아이들이 접근하지 못하고 자신만 가질 수 있기 때문이라고 했다. 그럼에도 그 아이가 여친을 사귀어도 자신 곁만 떠나지 않으면 된다고 했다. 한편으로 자신을 가장 화나게 하는 사람도 남친으로 그 아이와 완전히 끝내는 꿈을 꿨을 때 너무 무서웠다고 한다.

"이 친구가 지금 너의 전부를 차지하는 것 같은데, 전 남친이라고 하는 걸 보니 헤어졌나 보네. 이유가 있니?"

"남친 부모님이 반대해서요. 그 아이가 내가 싫어서 헤어진 게 아니니까 더 우울하고 힘들어요."

"그 아이의 어떤 점이 그렇게 좋니?"

"제가 힘들거나 아프면 바로 달려와주는 거요. 공부 안 하고 그런다고 부모님이 반대하셨어요."

"그렇구나! 속상하겠네. 너희 부모님은 어떠셔?"

"엄마는 말이 안 통하고, 아빠는 친구 같은 분이라 이야기를 잘 들어주세요. 근데 남친 이야기를 하면 화를 많이 내세요."

아빠에게 그 부모님께 말 좀 해달라고 했는데, 엄마 아빠도 남친을 아주 싫어해서 거절하셨다며 속상해했다.

"어릴 때부터 4학년 때까지 할머니 집에 있었고, 엄마는 가끔 봤어요. 부모에게 버림받았다는 생각이 들어요."

"엄마 아빠도 사정이 있으셨겠지만, 그건 너에겐 큰 상처였을 거야. 원래 밝은 성격이라고 했는데, 몇 번 본 너의 표정은 어둡고 우울해 보여. 담임 선생님도 걱정하시고."

"남친과 헤어져서 그래요."

"이야기하다 보니, 넌 너보다 타인 중심으로 움직이는 거 같아. 사람들은 자신을 중심에 두고 그 속에 타인이 있는데, 넌 타인을 우선시하고 그 속에 자신을 넣는 거 같아."

"그런 면이 있는 것 같아요."

"남친과의 관계도 너는 그 아이를 거의 전부로 두고, 그다음에 너 자신을 생각하는데 전 남친은 어떤 거 같아?"

"그 애는 80 정도가 자신인 거 같아요."

"그러니? 헤어지고 나서 그 아이가 너를 위해 한 일이 뭐 있니?"

"아니요. 없어요. 그 아이는 자기가 필요할 때만 나한테 연락하거나 요구해요. 제가 톡을 보내거나 하면 씹거나 읽어도 답하지 않아요."

"정말 마음에 안 드네. 너에겐 미안한데, 난 참 마음에 안 드네.

벌써 다른 여친 사귀는 거 아냐?"

"그럴 수도 있어요."

"같은 여자로서 아주 자존심 상하네."

아이는 요즘 전 남친에 대해 조금씩 실망하고 있었다.

상담이 진행되는 과정에서 동영상이 있다는 걸 인지하고, 전문적인 성 상담이 필요하다고 생각되어 외부 전문기관에 의뢰하였고, 동영상을 없앴다는 이야기를 전해 들었다.

부모님을 만나 보니 아이를 이기기 힘들다고 했다. 성격은 좋은데 고집이 세고 자기주장이 너무 강하단다. 이 일을 누구와 의논할지도 고민이라고 하셨다. 남자 친구가 있는데, 사귀는 것까지는 받아들였으나 신체 접촉과 함께 성적인 관계를 맺는 것 같아 걱정이 많은 상태였다. 아이는 헤어진 남자 친구에게 집착하는 모습을 보였고 남자를 너무 좋아하는 것 같다고도 했다. 그래서 남자 친구에게 집착하는 이유는 사랑받기 위해 그럴 수도 있겠다고 말씀드렸다. 어릴 때 다른 곳에서 자라 버림받았다는 생각이 들어 더 집착할 수도 있으니까. 그 부분에 대해 아이에게 반복적으로 사과하면 좋겠다고 조언했다. 부모 역시 그에 대한 미안함 때문에 더 잘해 주려고 했고, 그때는 아이를 위해서 한 선택이라고 생각했는데 잘못한 것 같다고 후회하셨다.

아이들은 자기들끼리 누가 성관계를 맺는지를 잘 안다. 대부분은 당사자 입을 통해서 알려지고 이러한 것에 개의치 않는 아이들도 많다. 모두는 아니지만, 남친과 '헤어졌다 사귀었다'를 반복하는 여자아이는 걸레라는 말을 듣기도 한다. 성에 대한 개방적인 분위기와 상반되게 남녀 불평등한 사고 방식은 여전히 강하다. 성관계를 맺는 여학생이 많으면 남학생도 많다는 것을 뜻하지만, 비난과 부정적인 시선은 여자아이에게 향한다. 이런 여자아이는 만만하게 보고, 성적인 농담의 타겟으로 삼거나 쉬운 여자로 여긴다. 남자아이들과 이야기하다 보면 열받을 때가 많다.

등교를
거부하는 아이

—

교사와 아이, 아이와 부모는 현상을 바라볼 때 세대 차가 난다. 그중에서 가장 큰 시각차는 학교를 바라보는 관점이다. 학교는 당연히 다녀야 하고, 친구를 사귀면서 사회성을 기르는 곳이며, 기쁨과 슬픔, 추억이 있는 곳이다. 학벌을 얻기 위해 공부하는 곳이며 취업을 위한 발판이기도 하다. 학교에 대한 위 세대의 이러한 생각은 "학교가 왜 필요하죠?"라고 되묻는 아이들에겐 설득력이 없다.

"공부 내용이 너무 어렵고 재미없어요. 필요하면 검정고시 치면 되잖아요! 딱히 친구도 많지 않고 사귀는 것도 힘들어요. 뭐 하러 아침 일찍 일어나서 학교에 와야 해요? 배우는 것도 딱히 없어요. 너튜브나 인터넷에 검색하면 다 나와요. 코로나 시기에 집에서 공부해도 충분히 됐잖아요! 학교에 오면 하지 말라는 건 엄청 많아요. 공부 시간은 길고 쉬는 시간은 짧으니까 재미없어요. 그니까 왜 학교를 다녀야 하냐고요?"

학교도 친구도 거부하는 아이

엄마 말로는 B가 학교 가기를 싫어한다고 했다. 이유를 물으면 친구가 없어서인데, 다른 아이들은 모두 같이 있는데 자기는 혼자 지낸다고 했다. 밥도 혼자 먹어야 한다면서.

"아이가 친구를 고르는 눈이 높은데, 어떤 아이든 자신이 마음에 들지 않으면 다가가지 않고, 다른 아이에게 먼저 말을 걸지 않죠."

"제가 생각하기에도 우리 딸 조건에 맞는 친구는 없어요. 의외로 지금 과외를 함께 하는 애는 딸과 완전히 다른 성격인데 잘 맞아요. 그 아이 엄마는 B가 반듯하다며 당신 딸도 그러기를 바라더라고요."

"그럴 수 있죠. 완전히 다르니까 서로 보완해 주는 면이 있을 거고, 꽉 막힌 애는 아니기 때문에 괜찮을 거 같아요. 이런 면에서 보면 학교 오기 싫은 이유를 친구가 없다는 핑계로 대는 것 같아요."

"저도 그런 거 같아요. 아이가 동굴로 들어가는 느낌이 들어요. 학교는 일주일에 한 번은 안 가겠다고 하더라고요. 저는 학교는 반드시 다녀야 하고 그곳에서 최선을 다해야 한다는 생각이거든요."

"당연하죠. 걱정도 되고. 근데 요즘 아이들은 학교에 대한 생각이 우리랑 많이 다른 거 같아요. 대안학교 가는 애도 있고 아예 학교를 나오지 않는 애도 있고 그렇답니다."

"그래요? 애가 졸업을 하지 못할까 봐서요."

"그렇지 않아요. 60일까진 괜찮고, 하루 남겨두고 졸업시킨 아이도 있답니다. 그렇게까지 갈 아이도 아니지만, 저희가 졸업은 시킬 거예요. 걱정 마세요."

"(눈물) 그래요? 그럼 정말 다행이고요. 아빠가 딸에게 '그러니까 넌 사회성도 없고 친구도 없는 거잖아! 당신도 친구가 없잖아!' 하더라고요. 사이가 급격히 나빠졌어요."

"아이의 존재를 흔드는 말은 하면 안 돼요. 절대로. 그것도 부모는. B는 혼자 있는 걸 좋아하고 내면이 강한 아이라 독립적이에요."

"언니는 친구들과 놀러 다니는데, 혼자 영화 보고 이런 모습을 보면 자꾸 아이에게 문제가 있다는 식으로 말해요. 아빠가."

"그건 아니죠. 다른 거지. 문제는 아니에요. 아빠 입장에서는 딸에게 기대하는 것도 많고 안타깝겠지만, 생각을 좀 바꿀 필요는 있어요. 오늘 왜 같이 안 오셨을까요?"

"아빠는 아이가 학교 안 가는 걸 몰라요. 그럼 또 화내고 싸울까봐 제가 말을 안 했어요."

"아빠가 나중에 알면 더 배신감 느끼고 마음 상하실 거예요. 의논하시는 게 좋아요. 계속 되면 엄마 혼자 감당이 안 돼요. 아빠와 애의 관계는 두 사람에게 맡기는 게 좋을 거 같아요."

"지난번 수행평가 날에는 준비가 되지 않았다며 학교에 안 갔어요. 완벽주의 경향이 있어요. 등교 시간에 조금만 늦으면 아예 안 가겠다고. 조퇴는 싫다고.”

“조금씩 확대되고 있는 거네요.”

“저도 그런 생각이 들더라고요. 집에서는 잘 지내요.”

“자기가 하고 싶은 일은 잘하는 거 같아요. 생각 없는 아이가 아닌 거죠. 아빠가 자신을 싫어하고 기대를 많이 한다고 그랬어요.”

“아빠와 언니가 성격이 비슷해서 둘은 장난도 많이 쳐요. 언니는 아빠에게 대들기도 하지만 다 표현하거든요. 근데 B와는 잘 안 맞아요. 가만히 있거나 한마디 말로 아빠를 꺾거든요.”

“제 생각에도 시간이 지나면 아빠를 이길 거 같아요. 말을 길게 하지 않지만, 논리적으로 핵심만 말하고 본인에 대해서도 잘 알거든요.”

“지금도 아빠가 지는 게 보여요. 저희는 부부가 잘 지내자 주의거든요. 아이가 학교 안 가는 날에는 혼자 너튜브를 보거나 자기 할 일을 하는데, 가만두고 보기도 그렇고 해서 지난번에는 점심을 같이 먹었어요. 이야기도 나누고.”

“잘하셨네요. 학교를 오지 않는 아이들이 달라서 정답은 없어요. B는 약간 우울해지면서 동굴로 들어가는 패턴을 보이는 사춘기를 겪는 것처럼 보여요. 언제 동굴에서 나올지 모르지만, 엄마는 집에서 아이를 챙기시고, 저희는 학교에서 최선을 다할게요.”

B는 친구가 없어 학교를 오기 싫다고 했지만, 뜯어보면 아이 스스로 친구를 배척하는 스타일이다. 다른 아이들은 B에게 별 관심이 없지만, 딱히 싫어하지도 않는다고 한다.

이 아이는 자신이 결석해도 되는 일수를 거의 채우고 학교를 졸업했다. 담임과 부모의 애간장을 녹일 만큼 녹인 후 지금은 잘 다니고 있다고 전해 들었다. 상담하다 보면, 어떤 이유로든 스스로 회오리를 만들어서 모든 에너지를 쏟는 아이들을 만난다. 이 아이들의 힘은 강력해서 그 순간 담임과 부모가 말려들고 힘겨워진다. 시간이 지나면 뭔가 그 아이에게 이용당한 듯한 찝찝함이 남기도 한다. 문득, 아이가 만든 회오리 속에 갇힌 느낌이 들거나 그 아이로 내가 너무 힘들 때, 잠깐 멈춰서 그 아이와 좀 떨어져 보셔라. 현명한 우리는 상황을 객관적으로 바라볼 수 있을 것이다.

자기 잘못은 없고
남 탓만 하는 아이
—

C의 불만은 초3인 동생이었는데, 아빠가 동생만 이뻐해서 자신과는 사이가 좋지 않으며, 둘이 싸우면 "네가 형이니까 참아!"라는 말을 자주 들었다. 자기한테는 핸드폰을 초4 때 사줬는데 동생은 초3 때 사줬다. 자기와 동생의 다른 점은 없으며 똑같은데 차별한다고 느꼈다.

교실에서는 친구를 비난하거나 욕을 자주 해서 거의 매일 친구들과 갈등이 생겼다. 당연히 반 아이들은 C를 매우 싫어했다. 그런데 정작 본인은 친구들이 '키가 작다, 찐따'라고 한다며 학교폭력

신고를 했다. C의 이러한 태도에 친구들은 매우 화가 났다. 사실 본인이 훨씬 더 공격적으로 친구들을 괴롭혔기 때문이다. 공부는 잘하지만, 수업 흐름을 끊거나 방해하는 말이나 행동을 자주 했다. 본인은 그게 잘못이란 걸 모르는 건지 모르는 척하는 건지 설명해 줘야 알아들었다. 담임은 다른 학부모들로부터 C 때문에 자녀가 많이 힘들어한다며 토로하는 전화를 종종 받았다. 그럼에도 C가 잘못을 인정하지 않는 이유는 무엇일까?

"나도 욕 잘해요. 아빠가 화내면 욕을 해서 저도 따라 했어요. 친구들이 욕을 하니까 같이 하게 돼요."

"그럴 수 있지. 조금 이해하기 어려운데."

"이해 안 해도 되는데요."

"넌 아빠가 욕하는 걸 많이 싫어하는데 너도 욕을 잘하게 됐어. 아빠 탓이야. 친구들이 욕을 해서 따라 했으니, 그것도 친구 탓이야. 그렇게 말한 게 맞니?"

"네."

"욕을 한 건 누구니?"

"저요."

"욕은 네가 했는데 남 탓을 하네. 욕만 그래? 아님, 평소에도 남 탓을 잘해?"

"남 탓을 많이 해요."

"솔직해서 좋네. 남 탓을 하면 어떤 점이 좋니?"

"내가 잘못했다는 생각이 안 들어요."

"그럴 수 있지. 잘못을 인정할 때도 있니?"

"네. 일이 커질 거 같으면 무마하기 위해서요. 학교폭력 같은 거요."

"잘못을 인정하면 어떠니?"

"좋아요. 그리고 선생님이나 부모님께 혼날까 봐 걱정돼요."

"당연히 그렇지."

"지난번 학폭 때 잘못을 인정했어요."

"잘했네."

"잘못을 인정하면 부모님은 어떻게 하시니?"

"아빠는 욕을 하시고, 엄마는 잔소리를 하세요."

"싫겠네."

"네."

"잘못을 인정하고 사과하는 것이 어렵니?"

"네."

"대부분 사람은 사과가 쉽지 않아."

"잘못했다고 사과를 하면 선생님한테 지는 거 같아요. 친구들에게도 그렇고요."

"그래? 지는 게 싫은 이유가 있니?"

"놀림받을까 봐요. 그리고 기분이 안 좋아요."

"당연히 그렇지."

"잘못하지 않았다는 생각이 들면 저는 절대로 사과하지 않아요. 잘못을 사과하면 제가 그 사람보다 아래에 있는 거 같고 지는 거 같아요."

"난 잘못을 사과하는 게 더 위라고 생각하는데."

"전 그렇게 생각하지 않아요."

"잘못을 인정하지 않으면 사람들이 널 믿지 않을 거 같고 친구들도 그럴 거 같아."

"지금 그런 것 같아요. 하지만 상관없어요. 그냥 그러라 그러세요!"

잘못을 인정하지 않는 다양한 이유가 있겠지만, 잘못이 눈에 보이거나 애들이 다 봤는데도 "내가 안 그랬는데요! 왜 저한테만 그래요?"하며 교사의 분노를 부르는 아이들이 있다. 순간 소리를 칠 수도 없고, 부글부글 끓다 못해 정말 짜증이 난다. 한두 번이면 사정이 있겠지 하고 이해하지만, 매사 이런 반응을 하면 기가 막힌다. 그래서 객관적인 데이터를 들이대면 또 다른 핑계를 댄다.

잘못을 인정하지 않거나 거짓말을 자주 하는 아이들은 주로 집에서 잘못을 인정하거나 바른말을 했을 때 더 야단맞았을 가능성이 있다. 이런 부모의 반응이 이어지면 아이는 참말보다는 거짓이, 잘못을 인정하는 것보다 거부하는 게 더 이익이라고 생각한다. 이렇게 형성된 패턴이 학교에서 마찬가지로 나타난다. 이러한 상황이 가장 잘 드러나는 것이 학교폭력이 발생했을 때다. 내가 하지 않았다고 하는 것이 벌을 피할 수 있고, 생활기록부 기록으로 인한 불이익이 없다고 생각한다. 긴 인생을 생각해 볼 때, 잘못을 인정하지 않는 것은 큰 문제일 텐데, 개의치 않는 것처럼 보인다. 하지만 교육하는 입장에서는 이를 그냥 지나치기가 쉽지는 않다. 아이의 미래가 걱정되어 오지랖을 부릴 때가 있다. 우리의 직업병이다.

요즘 아이들이
어려운 교사

—

모든 어른 세대가 말하듯이 요즘 아이들을 이해하기 쉽지 않지만, 그렇다고 모든 아이들이 이기적인 것은 아니다. 의리가 있고, 자기의 색채를 찾는 독립적인 캐릭터들이 증가하는 추세다. 그 과정에서 아이들은 부모나 교사에게 반항하거나 "제발 내버려 둬요!" 하는 자세를 취한다. 몇 년 동안 계속 아이를 지켜보면 학교 부적응으로 감당하기 어려웠던 아이가 언제 그랬냐는 듯이 변화하기도 한다. 물론 반대 사례로 "그 아이가 왜요? 그 아이가 그렇게 변했다고요?"라고 할 만큼 믿지 못하겠다는 표정을 짓게 하는 아이들도 있다. 한편 학생의 변화를 받아들이지 못하고, 문제를 보이던 아이의 모습만 기억하는 선생님들도 있다.

교사 A - 학생과 세대 차이를 느낄 때가 있어요. 나름 트렌드를 따라가는 교사라 자부하지만, 나이 차가 커지면서 공감하기 어려운 점이 많아져요. 경력이 많아 수업 기술이 향상되고 생활지도 능력이 노련해지는 면은 있지만, 속상할 때가 있어요. 선배 교사다 보니 신규 교사나 젊은 선생님들을 코치할 때가 있잖아요. 후배에게 내 경험과 노하우를 전달하는 것이 왜 그렇게 어렵고 눈치가 보이는지 모르겠어요. 학생들에게 관대한 선생님들의 모습을 보면 생각이 많아져요. 나만 규칙을 지키라고 하는 꼰대인가? 이해심이 부족한가? 하는 생각이 들어 마음이 불편하더라고요. 아이들을 가만 두자니 교칙이 무너지는 것 같아 또 걱정되고.

교사 B – 다른 사람의 표현에 신경을 많이 쓰는 편이에요. 사람들이 나에 대해 이야기할 때 예민해지고, 스트레스를 받아요. 이런 성격 탓에 대인관계 유지가 힘들어요. 수업 시간에 학생들의 반응에 아주 민감해서, 열심히 준비한 수업에 몇 명이 무심코 하는 "이거 언제까지 해요?"라는 말에 크게 상처받아요. 그 아이는 자신의 마음을 솔직하게 물은 것인데, 그 말이 머릿속을 맴돌면서 그냥 넘어가지 못하고 마음에 남아 있어요. 관리자나 동료 교사, 학부모의 표정을 신경 쓰면서 맞춰주다 보니 늘 긴장하게 되고 쉽게 지쳐요.

학생에 대한 선입견으로 힘든 선생님

선입견이 가진 함정은 교사가 가진 학생에 대한 판단이 맞을 때 강화된다. "거봐, 내 생각이 맞았지?" 하는 순간이다. 상담교사인 나 역시 수많은 이론과 사례 경험을 바탕으로 학생의 심리 정서적 문제를 속단하는 우를 범할 때가 있다. 그렇다고 할지라도 우리는 매

순간 성장하고 변화하는 학생들에 대해 지금 이 순간 깨어 있는 선생님이 되도록 노력해야 한다.

교사 C – 한 번 교칙을 어기거나 내 지시를 따르지 않는 학생은 그때 모습으로만 학생을 보게 돼요. 모범적인 학생은 계속 모범적일 것으로 확신하죠. 한 번 학생을 판단하면 좀처럼 바꾸지 않고 속단하는 경향이 있어요. 선입견에 매몰되어서 상황 파악이 안 될 때도 간혹 있어요. 문제를 일으키던 학생이 불려오면, 그 아이가 말도 하기 전에 짐작하고 건성으로 들어요. 내 선입견을 답으로 정해놓고, 듣지 않으려 하는 거죠. 어느 날 짝꿍 선생님이 내가 쳐낸 그 아이와 이야기를 나누는 모습을 보았어요. 그 선생님은 차분하게 아이의 상황을 듣고 객관적으로 다시 정리해서 말씀하시더라고요. 순간 아이에게 미안한 마음이 들었어요. 아이가 내게도 말했는데, 그 말이 하나도 들리지 않았던 거죠. 부끄러웠어요.

교사 D – 나는 내 교과에 대한 프라이드가 아주 강해서, 내 수업시간에 참여하지 않는 아이에게 편견을 가지게 돼요. 그 학생의 잘못을 발견하면, 잘됐다 싶어 앞뒤 전후를 묻지도 따지지도 않고 학생이 내 교과 시간에 보인 무성의함에 대한 불만까지 합쳐서 말해요. 그 학생은 이전에 지적하지 않고 지금 폭발하는 나에게, 그때왜 야단치지 않았다며 따지거나, 잘못을 받아들이지 않게 돼요. 아이는 얼마나 황당하겠어요! 기가 막히지 않을까요?

교사 E - 학교에서 규칙을 어기거나 수업 시간에 함부로 하는 행동을 하는 아이를 한 번 보고 낙인찍을 때가 있어요. 상식에 어긋나고 자신의 이익만 챙기고 남을 배려하지 않는 사람은 용서가 되지 않아요. 아이들은 변화 가능성이 있음에도 내 판단을 그대로 끌고 가요. 잘 고쳐지지 않네요.

담임 앞에서는 늘 웃는 얼굴로 밝게 친근함을 표현하던 여학생의 본모습을 알게 된 선생님이 있다. 그 아이가 점심시간 교실에서 담임에 대해 입에 올리기도 힘든 욕을 한다는 거였다. 순간 멍해지고, 그 아이에게 든 담임의 배신감과 상처는 이루 말할 수 없었다. 모른 척하기엔 상처가 너무 크고, 아는 척하기엔 자존심이 너무 상한 순간이었을 것이다. 그 선생님을 만났더니 "제가 발가벗겨진 느낌이었어요. 치욕스럽고 모욕감이라고 해야 하나!"라고 하셨다. 이런 상황에서 어떤 말이 선생님에게 위로가 되겠는가? 함께 울면서 토닥거리고 속상해했다.

그 선생님은 배신감과 속상한 마음을 뒤로하고 아이와 이야기를 나눴으며, 교권에 올리지 않았다. 그 후 선생님에겐 학생을 믿지 못하는 마음이 생겼다. 5년 정도 시간이 흐른 후 그 선생님을 만났다. 몸과 마음이 밝고 자신을 잘 관리하는 너그러운 분이라 걱정하지 않았지만, 편안한 모습에 안도했다. 중2였던 그 아이가 고1이 되었을 무렵 메일을 보냈다고 하셨다. 그때 정말 죄송했다고, 자신이 많이 잘못했다는 사과 편지였단다. 그 아이가 고마웠고, 편지를 보낼 정도로 성장했다는 생각에 기뻤다고 하셨다. 5년 동안 묻어두었던 선생님의 아픔은 사과 메일로 치유되었다. 참으로 기특하다는 생각이 들고, 나 역시 그 아이가 잘못을 사과할 줄 아는 아이로 자라줘서 고마웠다. 이처럼 우리가 생각하지 못하는 사이에 아이들은 과거를 반성하고 성장할 수 있다. 그러니 아이들의 긍정적인 변화 가능성을 믿고 선입견 없이 바라보면 좋겠다.

생각 나누기 선생님과 아이 사이에서

요즘 아이들이 보이는 공격성이나 분노 조절의 문제, 반항과 욕은 상담교사로서 이해되는 면이 있어 개인적으로 만날 땐 받아준다. 좀 지나치다 싶을 때도 있지만, 차분히 이야기하면 알아듣기도 한다. 힘든 것은 내가 상담하는 아이가 담임이나 교과 선생님과 마찰을 빚을 때이다. 자신이 싫어하는 교사에게 심하게 대든다거나 욕을 했다거나 할 때, 두 입장이 모두 이해되는 나로서는 참으로 난감하다.

어느 학교에서 자신이 싫어하는 선생님에게 함부로 한 아이가 있었다. 아이는 자신이 왜 그런 행동을 했는지 내가 이해해 주지 않는다는 이유로, 선생님은 같은 교사로서 자신의 편이 온전히 되어주지 않는다는 이유로 서운함과 불만을 토로했다. 중간에서 이러지도 저러지도 못하는 사이, 아이와 선생님 모두와 멀어졌다. 속상하고 마음 아팠다.

다른 어려움은 아이들을 버거워하는 선생님과 학급 아이에 대해 이야기를 나눌 때 생긴다. 당신이 이해하기 어려운 아이에 대해 지나치게 부정적으로 말하면, 선생님의 마음을 공감하면서 차근차근 아이가 왜 그러는지 말씀드린다. 이때 많은 선생님은 표정이 편안해지고, 자신을 성찰하기도 한다. 간혹 당신과 너무 다른 학생을 이해하는 데 어려움을 겪으면서도 본인의 모습을 돌아보지 못하면, 더 큰 갈등을 일으키거나 상처받을까 봐 동료로서 염려가 된다.

Part 3
—

갈등 조정으로 푸는
학교폭력

학교폭력으로 이어지는
갈등 상황

—

학교에서 일어나는 갈등은 아이들끼리 노는 과정에서 일어나는 신체 접촉을 통해 생기고, 친구가 싫어하는 별명을 부르면서 싸울 때도 많다. 최근에는 성(性)적 발언으로 인한 다툼이 많은데, 특히 가족에 대한 성적 욕을 하는 패드립은 심각한 수준이다. 다른 유형은 특정 아이와 같이 놀아주지 않는 따돌림과 간식을 사달라는 등의 금전 갈취도 있다. 사이버폭력은 지역을 초월하여 자주 발생한다.

아이들의 갈등은 대부분 사소한 장난에서 시작되는 경우가 많다. 학교급에 따라 갈등 유형은 차이가 크지 않지만, 학년이 올라갈수록 수위가 점점 강해지면서 폭력화되는 경향이 있다.

학교에서 벌어지는 다양한 갈등 상황의 예를 보자.

(초등학교) A는 남자아이들과 운동장에서 서로 좋아하는 여학생

을 말할 때 "C의 몸매가 좋다."라고 함. 그 말을 들은 B는 A와 사이가 나빠지면서, C에게 A가 너의 몸매가 좋다고 말했다고 알림. 이말을 들은 C가 A에게 사과를 요구함. A는 기억이 안 난다고 하였으나, 몇 명의 남학생들이 그 말을 들었다고 함. 이후 C는 A의 성희롱성 발언으로 힘들었음을 말하여, 담임의 지도로 A가 C에게 사과함. 그러나 C는 A의 사과가 진심이 담기지 않았다며 진심 어린 사과를 원함.

(중학교) 초등학교 때부터 알고 지내던 두 아이가 중학교에 입학하며 같은 반이 됨. 서로 장난을 치며 자주 다투며 갈등이 발생함. 어느 날 A가 B에게 여자 친구를 소개시켜준다는 장난을 쳤고, 그일로 B가 A에게 커터칼을 들고 위협하는 일이 생김.

(고등학교) A와 B는 고등학교에 입학하여 친하게 지냈었지만, B가 A의 머리를 두 차례 때린 일과 여러 번 욕설을 한 일로 갈등이 생겨 사이가 멀어짐. 2학년이 되어서도 말을 섞지 않고 서로에게 미움이 있는 상태로 지냄. 그러던 중 B는 A가 자신의 전 남친을 스토킹했다는 소문을 퍼뜨림. B의 SNS에 A가 B의 전 남자 친구를 스토킹했다는 소문이 사실인 것처럼 적혀 있어 A는 화가 남.

학교폭력예방법과
교사의 힘듦

—

학교폭력예방법에 따르면 "학교폭력은 학교 내외에서 학생을 대상으로 발생한 상해, 폭행, 감금, 협박, 약취·유인, 명예훼손·모욕, 공갈, 강요·강제적인 심부름 및 성폭력, 따돌림(학교 내외에서 2명 이상의 학생들이 특정인이나 특정 집단의 학생들을 대상으로 지속적이거나 반복적으로 신체적 또는 심리적 공격을 가하여 상대방이 고통을 느끼도록 하는 모든 행위), 사이버폭력 등에 의하여 신체·정신 또는 재산상의 피해를 수반하는 행위"로 정의하고 있다. 이처럼 학교폭력은 형법상의 폭력보다 광범위하고 관계에서 일어나는 모든 행위이며, 학생을 대상으로 한다. 앞의 상황처럼 학생들끼리 하는 일상적인 비속어, 장난, SNS 등으로 시작된 행동이 누군가를 힘들게 한다면 학교폭력이 되는 것이다.

학교폭력예방법이 생긴 후 학생이 학교폭력으로 신고하면 학교는 학교폭력예방법 절차에 따라 교육지원청에 신고하고, 학부모에게 알린 후 즉시 분리 조치한다. 이때 교사들은 법적인 절차를 우선할 수밖에 없다. 그렇다고 학생들의 갈등 해결을 위해 아무런 노력을 하지 않는 것은 아니다. 다만 예전처럼 학생들의 이야기를 듣고 교육적으로 필요한 조치만으로 끝내지는 못한다는 말이다.

학교폭력을 절차로 처리하다 보면 잘못한 학생이 잘못을 책임지지 않거나 피해당한 아이가 진정으로 사과받는 것을 간과하는 경우가 있다. 교사 역시 이 과정에서 자기 자녀만 생각하는 학부모나 학교를 신뢰하지 않는 보호자와 갈등을 겪는다. 그럼에도 교사들은 학교폭력예방법에 따라 상황을 처리해야 한다.

학교폭력으로 신고되면 학교폭력대책심의위원회에서 조치 결정이 나오기 전까지 학생들은 피해 추정 학생 또는 가해 추정 학생이 된다. 그리고 학생의 상황에 따라 학교는 가해 추정 학생에게 7일 이내의 즉시 분리를 결정한다. 이때 자녀 입장만을 주장하는 학부모로 인해 교사가 어려워지는 경우는 비일비재하다. 교사가 치우침 없이 설명하지만, 받아들이는 학부모는 그렇게 받아들이지 않음으로써 발생하는 갈등이다. 간혹 교사의 잘못으로 문제를 키우는 경우도 있지만, 결과를 놓고 봤을 때 학부모가 자녀의 말만 듣고 교사의 말은 들으려 하지 않음으로써 생기는 문제가 많다. 더불어 교사가 지도를 제대로 하지 않아 이런 상황을 만들었다고 오해하는 학부모 또한 적지 않다.

분리 조치 이후 학교는 사안 조사를 하게 된다. 가장 많은 학생과 학부모의 불만은 사안 조사에서 생긴다. 심할 경우 학교를 믿지 못하겠다며 교육청에 항의하기도 한다. 이때 흔히 언론에 등장하는 교사에 대한 학부모의 공격적인 말이나 행동이 발생하고, 이는 학교폭력 자체만으로도 힘든 교사를 더 지치게 한다. 이를 견디지 못하는 선생님은 병가나 휴직으로 치유의 시간을 갖기도 한다. 그나마 2024년 학교폭력 전담 조사관 제도가 시행되면서 선생님들이 가장 힘들어하고 상호 갈등 표출이 많았던 사안 조사에 대한 교사의 부담이 다소 줄어들었다.

학교에서 일어나는 학교폭력 사안은 심각한 건도 있지만, 대부분은 서로 좋은 관계로 시작한 장난이 도를 넘으면서 갈등으로 이어지고 결국 관계가 틀어지는 과정에서 발생한다. 한순간에 관계가 나빠지고 학교폭력으로 신고되어 조사를 거치면서 아이들이 받는 상처와 충격이 있다. 이 과정에서 아이들이 놓치는 것은 자신의 사소한 장난으로 힘든 친구가 있다는 점이다. 타인의 입장보다는 자기 중심적인 아이들의 특성상 당연한 것일 수도 있다. 힘든 아이가 그만하라는 말을 함에도 가속도와 재미가 붙은 장난은 점점 심해진다. 한두 번으로 끝내면 좋으련만, 장난이 반복되면서 언어와 신체, 사이버폭력이 발생한다. 이를 견디지 못한 아이가 학교폭력으로 신고하면서 아이들의 다툼은 첨예화되고, 학부모 간 갈등으로 이어진다.

사이가 좋았던 학급 친구들의 갈등이 커지고 관계가 나빠지는 모습을 보면서 안타까운 것은 담임 교사다. 학교폭력 절차로만 해결하는 것이 개운하지 않다. 성장하는 아이들에게 자주 일어나는 갈등이기 때문이다. 갈등 해결이 아이들의 성장에 큰 도움이 될 것 같을 때 더욱 그렇다. 이러한 교사의 고민을 이해하는 학부모는 거의 없고, 학교폭력예방법이 우선이라 교육적인 조치를 하기 어려운 현실이지만 그럼에도 조금이라도 애를 써보려 한다. 근래에는 교사의 교육적인 해결책마저 봉쇄해 버리는 상황이 대부분이라 안타깝다.

갈등 조정 대화 모임을
통한 해결

—

A와 B는 네 번의 다툼이 있었다.

"만날 때마다 싸우는 두 아이 때문에 힘드네요. 어제 학교폭력으로 신고했으니, 조사관님이 학교에 오시겠죠. 학교폭력으로 어떤 조치가 나와도 둘은 계속 싸울 것 같거든요. 둘이 너무 비슷하고 닮았어요. 주도권을 쥐려는 점. 친구들에게 인기가 많은 점. 다혈질인 특성이 있는 점. 똑똑하고 말도 잘하고요. 부모님도 알고 계세요. 지난번에 둘이 너무 안 맞으니까 최대한 붙여두지 말라 하시더라고요. 근데, 그게 어렵잖아요. 같은 교실에서. 둘이 으샤으샤 함께하면 좋겠다는 생각을 해요. 그러면 학급 분위기도 좋아지고. 괜찮은 애들이거든요. 그래서 갈등 조정이나 화해를 위한 대화 모임을 교육청에서 운영한다고 하셔서 신청했어요. 제가 제안했을 때, 아이들은 자꾸 부딪치니까 자기들도 대책이 필요하다고 느꼈는지 좋다고 했어요. 부모님은 처음엔 망설이셨어요. 자기 아이가 손해 보는 건 아닌가? 생소하다 보니 하면 효과가 있을까? 하는 마음이지 않았을까 싶어요. 제가 솔직하게 말씀드렸어요. 서로 부딪쳐서 갈등이 생기니까 마음을 터놓는 자리를 만들어보자고요. 그래도 안 되면 어쩔 수 없다는 말씀도 드리고요."

● 첫 번째 다툼

A의 말 – 체육 시간에 친구랑 있는데, B가 다가와서 "나 너랑 같은 팀 하기 싫어."라고 말해서 "시비 걸 거면 꺼져!"라고 말함. B가 다시 "너는 지구 밖으로 꺼져!"라고 하길래 말이 안 통한다는 생각에 "맞짱 뜨자!" 했고 탈의실로 가서 치고받고 싸움.

B의 말 – 체육 시간에 내가 없는 자리에서 A가 "B는 꺼져라."고 했다는 말을 친구에게 전해 듣고 A에게 가서 "너나 꺼져!"라고 말함. A가 "시비 털 거면 꺼져라."고 말하면서 말다툼하다가 "이럴 거면 맞짱 뜨자!"라고 말하길래 탈의실에서 치고받고 싸움.

● 두 번째 다툼

A의 말 – 식수대에서 B가 실수인지 모르겠으나 얼굴에 물을 뿜길래 화나서 같이 물을 뿜었음. 물 뿜은 뒤 화장실에 다녀왔더니 의자에 물이 묻어 있어서, 똑같이 B 의자에 물을 뿌림.

B의 말 – 식수대에서 물 마시며 실수로 물을 뿜었는데 A 얼굴에 물이 묻게 됨. A가 내 얼굴에 물을 뿜으면서 서로 물을 뿜다가 내가 도망감. A가 반에 들어와서 내 책상에 물을 뿜음. 나도 A 의자에 물을 뿜음. 그 뒤 화장실에 다녀오니 내 책상과 의자, 옷에 물과 가래침이 묻어 있었음.

● 세 번째 다툼

A의 말 – 학원에서 친구들이 B와 싸워서 누가 이겼냐고 묻길래

"누가 이겼는지는 모르지만 서로 때리고 맞고 했다."라고 말함. 이를 들은 여자아이들이 B에게 "너가 A에게 졌다고 말하고 다녀."라고 말함. 나는 싸움에서 내가 이겼다고 얘기하지 않았는데, B가 카톡으로 "넌 싸움이 자랑이냐?"라고 따지면서 계속 "니 잘못이다."라고 하길래 B에게 전화 걸어 욕하고 싸움.

B의 말 - 학원에서 내가 A와 싸워서 졌다는 소문이 퍼졌다는 말을 듣고 A에게 카톡을 보냄. 카톡으로 욕을 주고받다가 A가 나에게 전화를 걸어 서로 욕하면서 싸움.

● 네 번째 다툼

A의 말 - B가 지우개 가루에 맞음. 나는 내가 던진 게 아니라고 말했지만, B는 친구 말만 듣고 나에게 지우개 가루를 던짐. 그래서 나도 B에게 지우개 가루를 던짐.

B의 말 - 등 뒤에서 지우개 가루가 날아와 맞았고 누가 던진 거냐고 친구들에게 물으니 A라고 함. 그래서 A에게 지우개 가루를 던졌고, A도 나에게 지우개 가루를 던짐.

● 학생 B에게서만 나온 이야기

- 선생님 앞에서 경위서 쓸 때 A가 음료수를 나에게 던지려 했음. 나는 A에게 "쳐봐, 쳐봐!"라고 말했음.
- A가 학원 앞에서 부모님 패드립을 하길래 짜증 나서 A를 때림.
- A가 아파서 자는지 모르고 친구들과 깨우려 했음. 다른 친구

가 샤프심으로 A를 찔렀는데 오해하여 책으로 내 머리를 내리 쳤음.

둘은 각자 다툼을 바라보는 시각이 다르다. 같은 상황임에도 두 학생이 생각하는 원인은 입장에 따라 차이가 난다. 다툼 상황에서 아이들은 다른 행동을 했으니 서로 자신과 타인의 행동에 대해 생각이 다른 것이다.

그렇다면, 갈등 전과 후 두 학생은 어떤 피해를 당했고, 어떤 영향을 주고받았을까?

A는 다툼이 일어나면서 선생님께 여러 번 불려 가서 수업 시간에 집중하기가 힘들었으며, 주변 친구들이 B와 싸운 것에 대해 자꾸 물어봐서 마음이 불편했다. 게다가 B는 자꾸 다른 친구 말만 듣고 오해하는 게 억울했다. B 때문에 학교 다니기가 힘들다는 하소연을 하였다.

B는 A와 티격태격하며 자꾸 싸우는 게 짜증나고 기분 나빴다. 학원에서 다퉜던 일을 학교에서 알게 되어 선생님이 "왜 학원에 찾아갔냐?"며 물으셔서 당황스럽고 놀랐다. 친구들에게 나쁜 아이로 낙인찍힐까 봐 걱정되었다. 또한 A가 자꾸 건드려서 힘들었다고 한다.

이처럼 둘은 갈등 상황을 바라보는 시각이 다르지만, 각자 피해와 부정적인 영향을 받았다. 안타깝게도 둘은 갈등 자체보다 갈등 이후를 더 힘들어하고 있다. 둘은 갈등 이후 수업 집중이 힘들고,

다른 친구의 오해나 낙인 등을 염려하고 있다.

갈등 조정 대화 모임 중 A와 B의 엄마와 이야기를 나누었다.

● A 엄마의 마음

일단 들었던 부분도 있고 제가 생각하지 못했던 부분도 있어요. 아들 입장에서는 그럴 수 있겠다는 생각도 솔직히 좀 드네요. 그리고 우리 아들이 언어적인 부분이 세게 나가는 것을 어느 정도는 알았는데 이렇게 강하게 했는지는 저도 솔직히 몰랐어요. 좀 충격적이긴 하네요. 오늘 제가 들었던 거는 어쨌든 시비를 걸면 참다가 그런 건데. 지금 들어보니까 B도 엄청 많이 참다가 폭발하는 것 같아요. 참지 못하는, 그래서 그런 부분을 조금 다듬어야겠다. 계속 그 생각이 드네요. 서로 이렇게 부딪치지 않았으면 좋겠어요.

제가 봤을 때 우리 애는 B만 아니면 학교생활을 재미있어하고, 열심히 하려고 하는 부분도 있거든요. 근데 계속 한 아이와 문제가 생기니까 저도 사실 좀 궁금하기는 했어요. 그러니까 이 아이와의 문제인 건지, 아니면 전체 반 아이들 사이에서 우리 애가 문제인 건지 그걸 정말 알고 싶은데 그걸 알 수 있는 방법이 없잖아요. 우리 애 문제뿐만이 아니라 서로 성향이 비슷한 아이 둘이 부딪치는 거라고, 오늘 들어보니 조금 그렇긴 한데 너무 생각이 많아지네요.

● B 엄마의 마음

이때까지 일방적으로 아들 이야기만 들었잖아요. A 이야기를 들어보니까 좀 안타깝네요. 다른 아이들에게 휘둘려서 싸운 부분도 많잖아요. 우리 애가 너무 에너지 넘쳐서 걱정했거든요. 혹시나 학교에서 그런 일이 없을지, 학교를 가니까 딱 이런 일이 생기네요. 내 아이의 잘못은 아닌지, 항상 저는 한 80%는 제 아들이 잘못했을 거다, 이렇게 생각했는데 얘기 들어보니까 둘이 똑같은 것 같아요. 제가 A를 보니까 멀리서 와서 친구도 많이 없는데도 재미있어하고 잘 다닌다고 하니까 대견하기도 하고 그러네요. 우리 애는 약간 단순하거든요. 그래서 친구들이 이렇다 저렇다 하면 불쑥 이러는 면이 있어서 서로 잘 절충해서 친해지면 친구가 될 수도 있긴할 텐데, 뭐 억지로 그렇게 할 필요는 없겠지요. 안 맞으면 부딪치지 않는 게 답이더라고요. 그래서 제가 전에도 선생님께 최대한 떨어뜨려 달라고, 안 마주쳐야 싸우지 않을 것 같다고 했어요.

● A의 엄마가 A에게 하는 말

엄마는 솔직히 너무 충격적인 게, 패드립을 한다는 거야. 너도 그런 얘기를 들으면 당연히 기분 나쁘지 않겠어? 엄마는 오늘 처음 들었어. 저번에 선생님이 "정말 입에도 담지 못할 욕을 했습니다."라고 했을 때 그냥 네가 말할 수 있는 수준이라고 생각했지. 근데 오늘 엄마가 그걸 리얼하게 그대로 들었잖아? 친구가 그것 때문에 상처받고, 그 부모님이 어땠을지에 대해 한번 생각해 본 적 있어? 친구가 너한테 엄마 패드립하는 걸 들었을 때 화가 났을 거잖아. 근데 너는 그보다 심한 패드립을 친구한테 한 거잖아. 그 욕을 네가 했다고 하니까, 솔직히 내가 정말 널 잘못 키웠나? 하는 생각이 들었어. 속상하고 슬퍼.

● A 엄마의 사과

얘기를 듣다 보니까 우리 아들이 제가 느끼기에도 좀 세게 패드립한 거 같아요. 일단 그 부분에 대해서는 죄송합니다. 친구한테도 미안해요. 저도 아이한테 그런 거는 못 하게 해야겠죠. 어쨌든 관계가 마찰이 줄어들면 좋겠다는 생각을 해요.

● B 엄마의 소감

이때까진 우리 애 말만 듣다가 A 얘기도 듣고 부모님 말씀도 들으니까 어떤 상황인지 알겠어요. 내 아이의 문제가 뭔지도 알게 됐어요. 집에서 보이는 우리 아이의 성향이 아닌 학교에서의 모습이 드러나도록 진행자님이 질문해 주셔서 감사해요. 덕분에 제가 알지 못했던 부분을 알 수 있었어요. 아이를 좀 더 사려 깊게 챙겨야겠다는 반성을 했습니다.

대화 모임에 참여한 두 엄마는 자신의 마음을 솔직하게 표현하고, 내 아이와 상대 아이에 대해서 조금은 객관적으로 말하고 있다. 갈등 조정 초반부터 이렇게 열린 마음은 아니었다. A와 B가 싸운 후 부모는 줄곧 내 아이의 입장과 이야기만 듣는다. 그런 까닭에 학교폭력 사안이 났을 때 담임이 늘 우리 애만 싫어한다거나 공평하지 못하다고 서운해하는 것이다. 이런 마음으로는 교사의 말을 왜곡하여 듣게 되며, 부모의 거부 반응은 학생을 위해 최선을 다한 담임에게 상처가 된다.

갈등 조정을 위한 대화를 통해 부모들은 자녀뿐만 아니라 상대 아이의 이야기를 듣게 된다. 처음으로 상대 아이의 입장을 알게 되는 것이다. 이 과정에서 내 아이의 친구 관계나 교실 속 모습을 만나게 된다. 집에서 내 아이와 학교에서 내 아이가 많이 다름을 알게 되는 것만으로도 교사에 대한 오해가 풀린다. 부모 자신이 몰랐던 아이의 성향, 특히 부정적인 모습이 있음을 인정하는 것은 쉽지 않다. 그럼에도 많은 부모는 갈등 조정 시간에 적나라하게 드러나는 자녀의 본모습을 받아들인다. 이것이 내가 교사들이나 학부모, 학교에 갈등 조정을 위한 대화 모임을 권하는 이유다.

부모들은 자녀의 말을 전적으로 믿는다. 그것이 그 아이에겐 맞는 말이기 때문이다. 이때 친구나 선생님의 입장은 다르다는 걸 놓칠 수 있다. 부모만 그런 게 아니다. 우리 모두 내 입장이 중요하다. 그래서 자연스럽게 갈등이 생기게 된다.

갈등 해결을 위한 대화 모임에서 내 아이의 이야기를 들으면서 부모는 생각이 바뀌기도 한다. '내 아이가 집이 아닌 곳에서 보이는 모습은 다를 수 있구나! 문제를 일으킬 수도 있겠구나!' 하는 것을 인식하고 인정하게 된다. 부모에게 학교에서 보이는 아이의 모습을 설명하는 것보다, 직접 대화 모임에 참여하는 것이 훨씬 더 효과적이다.

갈등 조정 대화 모임 이후

갈등 조정 대화 모임 이후 A가 바라는 것은 자신의 피해 회복과 B와 더 이상 싸우지 않기 위해 서로 욕 안 하기, B가 친구 말만 듣고 따지거나 보복하지 않기, 그리고 부모님 욕을 하지 않는 것이었다. B는 자신에게 A가 시비 걸지 않고, 부모님 욕을 하지 않기를 희망하였다. 이런 점에서 보면 두 아이는 다툼과 갈등의 원인이 무엇인지 잘 알고 있다.

서로 피해를 회복하고 갈등 예방을 위해 둘은 약속도 하였다. A는 B와 갈등이 생기면 화내기보다 B와 대화하도록 선생님께 요청하겠으며, 패드립하지 않겠다고 다짐했다. 덧붙여, 반 친구들에게 자신이 하지 않았거나 확실하지 않은 말을 B에게 전달하지 말라는 부탁을 하겠다는 약속을 하였다. B는 친구들 말만 들어서 판단하지 않고 A에게 물어서 확인하겠으며, A의 말에 욱하지 않고 한 번 더 생각하고 이야기하겠다고 했다. B 또한 패드립을 하지 않고, 반 친구들에게 확실하지 않은 말을 전달하지 말라고 부탁하겠다는 약속을 했다.

아울러 둘은 친구들과 사이좋게 지내기 위해 예쁜 말을 쓰고, 같이 재미있게 놀기, 안 때리고 싸우지 않을 것을 함께 약속했다. 부모들은 아이들이 안전하게 지내도록 학교에서 일어나는 작은 일은 서로 연락해서 해결 방안을 의논하기로 약속했다.

대화 모임에 참석한 다른 친구들은 A와 B가 장난을 치더라도 서로의 감정이 상할 수 있음을 알게 되었다. 소감을 종합해 보면,

다시 싸우는 상황이 되면 방관할 것이 아니라 말려야겠다는 결심을 했다며 두 친구에게 미안해했다. 두 아이와 부모님 이야기를 들으면서 친구에게 화가 나더라도 한 번 더 생각하고 행동해야겠다, 친구와 장난을 치더라도 마음을 다칠 정도로 심하게 해서는 안 된다는 마음을 가진 시간이었다고 했다. 어떤 아이는 친구에게도 감정을 쌓아두면 화산처럼 폭발할 수 있다고 말하면서, 불편한 마음은 바로 이야기하고 풀겠다는 의지를 보였다. 처음엔 어색하고 무서웠지만 서로 이야기하면서 친구들의 마음도 알게 되고, 부모님의 속상함도 느낀 시간이었으며, 작은 장난이라 하더라도 친구들 사이 우정에 금이 갈 수 있다는 것을 알게 되었다고도 했다.

갈등 조정 대화 모임 진행자의 이야기

이 아이들과 이야기를 나누면서 확인한 것은 서로 오해가 있었고, 소통 부족으로 갈등이 생겼다는 점이었다.

"앞으로 잘 지낼 수 있겠다는 느낌이 들고 대화 모임이 계기가 된 것 같아 좋았어요. 아이들이 친구의 감정이 상하지 않도록 한 번 더 생각해 보고 말하고 행동하겠다는 다짐을 스스로 하는 성장하는 모습을 보였어요. 약속을 정하는 과정에서도 서로 돈독한 우정을 만들어가는 계기가 된 것 같아요."

사실, 사전 모임에서는 서로 간 앙금이 많이 드러났고 입장 차가 컸다. 일대 다수로 본 모임을 진행해야 하는데, 대화 모임이 원활하지 않을 것 같아 걱정되었다. 게다가 본 모임 전, 교실에서 또 다툼이 있었고 서로 비난을 주고받고 온 상태였다. 안전상의 이유로 대화 모임을 진행할 수 없는 상황이 이어져서 계획한 본 모임을 종료했다. 이 과정에서 아이들의 이야기를 온전히 들려줄 수 없다는 것이 안타까웠다.

"나행히 며칠 후 다시 열린 본 모임에서 아이들은 서로에 대해 미안하고 슬픈, 속상하고 마음 아프며 억울한 감정을 이해하였어요. 아이들이 '사이좋게 지내고 싶다'고 말하는 것으로 서로에 대한 용서와 포용의 단계에 이르렀다는 생각이 들었어요. 아이들이 대화하는 순간 흐르던 관계 회복의 충만함과 뿌듯함은 말로 표현하기 어려울 정도였어요."

감정적인 것뿐만 아니라, 본 모임 시간에 친구의 힘든 부분을 듣고, 자신이 노력해야 할 점을 스스로 찾았다. 추후 친구에게 화내지 않고 차분히 말하겠다고 다짐하는 친구도 있었다. 학교폭력 피·가해자로 대화 모임에 왔지만, 이것을 계기로 앞으로 친하게 지내고 싶은 마음도 확인하는 자리였다.

학생들은 친구와 말하고 싶었으나 상황과 타이밍이 맞지 않아 대화할 기회를 놓쳐 속상했는데 대화 모임에서 말하고 들을 수 있어서 다행이라고 했다. 친구와 대화를 통해 갈등을 푸는 것이 왜 필요한지 다시 한번 느꼈다는 소감을 말하였다.

어떤 경우는 사전 모임만으로 갈등 조정이 마무리되기도 한다. 각자 이야기를 나누는 사전 모임에서 현재 겪는 어려움이 있는지,

앞으로 관계에 대해 질문하면 지금 이미 잘 지내고 있기에 특별히 더 바라는 것이 없다고 할 때가 있다. 가해 아이는 화가 풀릴 때까지 계속해서 사과할 의사가 있음을 밝히지만, 피해 아이는 더 이상의 사과는 없어도 된다고 한다. 덧붙여 더 이상 이 일에 대해 말하고 싶지 않다는 의사를 분명하게 한다. 이런 경우 다음 단계인 본모임을 진행하는 것이 오히려 2차 가해가 되겠다는 생각이 들어 멈추기도 한다.

갈등 조정 진행자는 대화 모임에 참석한 당사자들이 자신의 이야기를 안전한 공간에서 할 수 있도록 하는 역할을 한다. 또한 갈등 당사자의 이야기가 상대방에게 잘 들려지도록 해야 한다. 진행자는 본 모임 이전에 당사자가 이야기를 잘 표현하고, 상대방이 잘 들을 수 있도록, 별도로 당사자들을 만나는 사전 모임에서 각자의 입장을 충분히 듣고 쟁점을 잘 파악해야 한다. 그래야 본 대화 모임에서 당사자들이 이야기를 잘하고, 잘 들을 수 있도록 도울 수 있다. 대화에 참석한 당사자들처럼 진행자 역시 대화 모임을 통해 많은 것을 배우고 느끼며 성장한다.

안타깝게도, 모든 대화 모임이 잘 마무리되는 것은 아니다. 그럼에도 실패했다는 생각은 들지 않는다. 대화가 어떤 이유로 중간에 멈추더라도, 또는 많은 시간 대화했음에도 갈등이 해결되지 않았을 때 서로 만나서 대화를 시도했다는 자체만으로 의미가 있다. 스스로 책임지고 피해를 회복하는 것을 배웠다면 그것으로 족하다. 또한 아이들의 일상에서 일어나는 사소한 갈등 해결 방법이 신고를 통한 법적 처벌만이 아니라는 것을 알게 된다.

　대화 모임의 모든 과정을 책임지는 진행자의 매끄러운 진행과 노하우도 중요하지만, 결과는 당사자들이 만들어낸다. 대화 모임을 통해 자신의 이야기를 온전히 말하고 상대방의 이야기를 온전히 듣는다면 자신의 피해를 회복하고 상대방의 피해에 책임지는 방법을 스스로 찾게 될 것이다. 대화 모임을 통한 갈등 해결 경험은 아이들이 성장하는 데 많은 도움이 될 것이라 여겨진다. 더 많은 아이들이 대화로 갈등을 해결하기를, 아울러 더 많은 선생님들이 반 아이들의 다툼과 갈등을 대화로 풀어갈 용기를 내시길 희망한다.

생각 나누기　대화를 통해 아이들은 성장한다

　친구, 부모님들과의 대화 이후 아이들은 많은 변화를 보인다. 무엇보다 자신만 힘들다는 생각과 친구를 원망하고 처벌받았으면 좋겠다는 생각이 바뀐다. 이처럼 갈등 당시 친구에게 속상하거나 화난 마음을 솔직하게 말하면서 상처가 풀린다. 이후 관계에서 바라는 점, 변화를 위한 서로의 약속 등을 통해서 긍정적인 미래에 대한 희망도 생긴다. 반대로, 친구의 이야기를 들으면서 몰랐던 사실을 알게 되고, 친구도 자신만큼 힘들었음을 이해한다. 이 과정에서 아이들은 매몰되어 있던 자신에게서 친구를 이해하는 것으로 마음의 폭이 넓어진다. 역지사지가 되면서 나와 친구의 갈등 해소를 위해 무엇이 필요한지 내가 해야 할 일이 무엇인지 답을 찾게 된다. 부모나 선생님, 다른 누구의 도움이 아니라 아이들 스스로 자신이 할 수 있는 약속을 제시하면서, 앞으로의 관계에 필요한 약속을 만들어낸다.

이 부분은 교육적으로 요즘 아이들에게 가장 필요한 시간이라고 생각한다. 학교에서는 아이들이 일상적으로 서로 부딪히지만, 이때 관계 속에서 자신의 고집을 꺾고 상대방을 이해하고 갈등을 조율하는 시간을 갖지 못한다. 학교폭력 해결 시스템이 그렇고, 내 아이만 손해 볼 수 없다는 부모의 자존심이 작동하기 때문이다. 특별한 사안이 아닌 친구끼리의 사소한 다툼에 변호사를 대동하는 것도 드물지 않다. 이런 분위기에서 아이의 미래와 교육적인 의미를 생각해 볼 겨를은 없으며, 교사들은 상처받고 무기력해지고 마음은 너덜너덜해진다. 작은 갈등마저 스스로 해결한 경험이 없는 아이들이 성장하면 어른이 된 후에도 관계를 풀기 어려워진다. 언제까지 문제를 부모가 해결해 줄 수 있을까? 어떤 계기로 아이의 분노가 부모를 향하게 될 때, 그 무게를 어떻게 감당할 수 있을까?

모임에 참석한 아이들은 갈등 조정 대화 모임에서 자기들이 정한 약속은 지키려 노력하는 모습을 보인다. 물론 변화무쌍한 아이들이라 약속을 반드시 지키지 않을 때도 있다. 그럼에도 아이들은 친구와의 갈등을 대화로 풀어내는 방법을 배웠기 때문에, 잘 해결한다. 이때, 아이들에게 필요한 것은 시간이다.

1 준비 단계 : 당사자가 누구인지 확인하고 갈등 상황을 파악한다.

2 사전 모임 : 피해자와 가해자를 각각 따로 만나 질문하고 답을 듣는다.

● **피해자 사전 모임 절차**

1) 진행자 소개 및 참석자 확인

2) 대화 모임의 의미, 진행자 역할, 진행 방식 설명

3) 이야기 나누기

질문 ① 상황 이해와 공감

• 너에게 무슨 일이 있었니? 그때 기분은 어땠어?

질문 ② 피해 회복, 자발적 책임에 대한 요청

• 이번 일이 잘 해결되려면 어떻게 돼야 할까?

• 이번 일로 뭐가 가장 힘드니?

질문 ③ 재발 방지에 대한 약속과 공동체 도움

• 이런 일이 다시 일어나지 않으려면 무엇이 필요할까?

• 이번 일이 어떻게 해결되기를 원하니?

• 상대에게 부탁하고 싶은 건 뭐니? 너는 무엇을 할 수 있을까?

질문 ④ 점검

• 상대와 함께 이야기 나눌 때 염려가 되거나 부탁하고 싶은 것이 있니?

질문 ⑤ 참여 여부 확인

• 그 아이들과 모임을 하려 하는데 그 모임에 참여해서 네 이야기를 할 수 있겠니?

질문 ⑥ 감사와 소감 나눔, 마무리

• 더 하고 싶은 말이 있니? 선생님과 이야기를 나눠본 느낌은 어때?

● **가해자 사전 모임 절차**

1) 진행자 소개 및 참석자 확인

2) 대화 모임의 의미, 진행자 역할, 진행 방식 설명

3) 이야기 나누기

질문 ① 상황 이해, 공감

• 무슨 일이 있었는지 얘기해 보자. 누가 먼저 말할까?

• 무엇 때문에 그랬는지 말해 주겠니?

• 오늘 모임은 무엇 때문에 하는 것 같니?

질문 ② 피해 조정, 영향 파악

• 이번 일로 누가 가장 피해를 봤을까? 어떤 피해를 봤을까?

질문 ③ 피해 회복, 자발적 책임

• 문제를 해결하기 위해 너희가 할 수 있는 일은 뭐가 있을까?

질문 ④ 재발 방지에 대한 약속, 공동체의 도움

- 이런 일이 다시 일어나지 않으려면 어떻게 해야 될까?
- 선생님이나 부모님, 친구들이 어떻게 도와주면 좋겠니?

질문 ⑤ 점검

- ○○와 함께 이야기할 때 걱정되거나 부탁하고 싶은 게 있니?

질문 ⑥ 참여 여부 확인

- 본 모임에 참여해서 오늘처럼 너희 이야기를 할 수 있겠어?

질문 ⑦ 감사와 소감 나눔, 마무리

- 더 할 이야기가 있니?
- 오늘 이야기를 나눈 느낌이 어때?

3 본 모임 : 피해자와 가해자가 함께 모여 각자의 이야기를 하고 듣는다.

1) 진행자 소개 및 참석자 확인

2) 본 모임의 의미, 진행자 역할, 진행 방식 설명

3) 이야기 나누기

① 피해 측

- 무슨 일이 있었는지 말해 줄 수 있니? 그때 기분은 어땠니?

② 가해 측

- 어떤 일이 있었니?

4 대안 논의

질문 ① 피해 회복, 자발적 책임

- 이번 문제가 어떻게 해결되기 바라니?

질문 ② 재발 방지에 대한 약속, 공동체의 도움

- 앞으로 이런 일이 다시 일어나지 않기 위해 선생님이나 부모님, 친구들이 어떻게 도와주면 좋겠니?

질문 ③ 자발적 책임

- 이번 일이 해결되기 위해서 자신이 할 수 있는 일은 뭐가 있을까?

5 합의

활동 ① 존중의 약속 만들기

- 본인이 할 수 있는 약속 & 상대에게 부탁하고 싶은 요청

활동 ② 점검 및 확인

- 진정 어린 사과의 기회, 존중의 약속 내용 확인 및 이행 다짐, 더 하고 싶은 이야기

6 감사와 마무리

- 오늘 대화 모임을 가지면서 배우거나 느낀 점에 대해서 이야기해 볼까?

Part 4
—
비자살성 자해

교사가 만난
자해하는 아이

—

교사 A - 상담 샘이 아이에게 자해 흔적이 보인다고 하셨어요. 그 말을 듣고 아이랑 얘기하면서 흔적을 확인했어요. 너무 당황스러웠어요. 저는 자해 얘기만 들었지, 직접 본 건 처음이었어요. 생각지도 못했죠! 알고 보니 SNS에도 유행하더라고요. 무섭기도 했어요. 죽는 건 아닐까? 하는 두려움. 그러면서도 이걸 어떻게 해결해야 하나? 하는 걱정. 관리자도 많이 놀라고 당황하셨죠.

교사 B - 우리 반 아이들이 친구 손목에 상처가 있는 것 같다면서 저한테 한번 봐달라고 했어요. 자해를 실제로 본 게 처음이라 더 놀랐었고, 감정 기복이 심한 아이라서, 사실 대비는 하고 있었던 것 같아요. 올 게 온 건가? 이거를 어떻게 해결할까? 하는 생각에 바로 관리자에게 말씀드렸죠. 이해하기 어려운 황당한 일은 몇 개월 후 일어났어요. 자기가 자해한 사진을 SNS에 올려버린 거예요.

교사 C - 성격이 밝은 유쾌한 아이였는데, 좀 어두운 거예요. 이상한 것은 더위를 타는 아이인데, 긴 팔을 계속 입는 거였어요. 체육 시간에 장난삼아서 옷을 살짝 올려봤는데 칼로 그은 흔적이 보이는 거예요. 처음엔 모른 척했어요. 걱정은 됐는데, 불안하지는 않았어요. 죽을 것 같지는 않았거든요. 그때부터 이 애를 어떻게 해야 하나? 하는 고민을 계속했어요.

교사 D - 학생이 자해한다는 건 알고 있었어요. 어느 날 교무실에 와서 자기가 자해를 했으니, 밴드를 달라고 했어요. 보건실엔 가기 싫다면서요. 가장 먼저 들었던 것은 당혹감이었어요. 자해하는 학생이 많다는 것은 들었지만, 담임으로서 이런 아이를 만난 건 처음이었거든요. 이걸 어떻게 도와줘야 하나? 나는 아는 게 없는데… 두려웠죠. 애가 자해만 한 게 아니라 죽고 싶다는 말도 계속 했었기 때문에 걱정, 불안, 부정적인 감정이 다 몰려왔어요.

교사 E - 쉬는 시간에 그 학생이 휴지를 돌돌 말아서 보건실에 갔다 오면 안 되냐고. 순간 놀라서 풀어봤더니, 칼자국이 보이고 피가 보였어요. 자해인 것 같다는 느낌이 들어서 당황스러웠어요. 이게 무슨 상황인지 좀 혼란스럽고, 어떻게 해야 하나? 걱정도 되고. 힘든 상황이 생겼을 때, 자살 시도를 하면 어떡하지? 이런 불안감과 두려움, 걱정이 되게 컸어요.

자해하는 아이의 특성

—

자해를 시작하는 시기는 보통 초등은 6학년(간혹 4학년), 중등은 2학년 때 시작한다. 처음에는 손등이나 손목을 손톱으로 쥐어뜯다가 커터칼을 사용한다. 고등학생은 만성화되어 보이지 않는 곳에 상처를 깊이 낸다.

자해하는 아이들은 인터넷이나 SNS에서 자해를 자주 접하고, 가까운 친구의 자해 모습을 보면서 따라 한다. 자신과 비슷한 고민을 말하면 '너도 이거 해봐!'라는 제안을 받기도 한다. 대부분 영향을 받지 않지만, 취약한 아이들은 따라 한다. 형제자매가 자해하는 것을 보았거나, 부모의 자해하는 모습에 익숙한 아이들이 자해하는 비율이 높다.

자해하는 아이들은 외모에 대한 불만이 많으며 콤플렉스가 있다. '다른 아이들은 예쁘고 멋진데, 나는 왜 이렇게 못생겼을까?'라는 생각으로 짙은 화장이나 외모 꾸미기에 열중한다. 얼굴이나 몸에 대한 자신감 없음은 자해를 통해 존재 자체에 대한 자존감마저 떨어뜨린다.

"선생님과 엄마가 안 된다고 해서 저도 고치고 싶은데 잘 안 돼요. 그만하고 싶은데, 방에 혼자 있으면 하게 돼요. 어떻게 해야 할지 모르겠어요."

아이는 자해를 참지 못했다는 생각에 자책한다. "너무 스트레스를 받으면 긋고 싶은 충동이 들어서, 긋고 나면 순간 기분이 좋은데, 다시 기분이 나빠져요. 내가 또 했구나! 왜 이걸 못 멈추지? 어차피 이거는 못 고치는 거구나!" 하는 생각을 한다. 이런 자괴감이 생기면 자존감은 더 낮아진다. 이는 자신에 대한 불신으로 이어진다.

여학생이 사해를 많이 하는 이유는 예민하고 심세한 특성에 있다. 겉으로는 유대 관계가 좋고 친구들과 잘 지내지만, 버림받는 것에 대한 불안과 두려움으로 자신의 마음이나 본모습을 드러내지 못한다. '친구가 떠날 거야! 선생님은 날 싫어할 거야! 나중에 친구들과 관계가 틀어지면 어쩌지!'라는 걱정으로 위축된다. 거절하지 못하기 때문에 관계에서 참는 일이 많다. 친구와 갈등이 있거나 남자 친구와 헤어지면 깊고 강하게 자해한다. 이성 친구에게 관심이 많아 사귀지만, 비슷한 역동이나 무의식을 가진 친구를 만나므로 건강한 관계로 이어지지 못한다. 그 아이에게 남자 친구는 관계의 전부였기 때문에 상심하고 자해는 심해진다. 관계에 대한 불안과 이를 해소하기 위한 자해의 쳇바퀴를 굴리는 것이다.

"자해하고 나면 어떠니?"라는 질문에 아이들이 "그 순간 굉장히 기분이 좋고 상처는 나는데 아프진 않아요. 커터칼로 쓱쓱 했는데 느낌이 좋아요. 이상한 것 같긴 한데요. 뭔가 좀 해소되는 기분이랄까? 불안한 거나 화가 사라지는 것 같아요."라고 말한다.

자해의 두 번째 딜레마는 자해를 하면 친구들의 관심이 온다는 것이다. 자해했음을 친구에게 얘기하고, 사진을 찍어 보내거나 SNS에 공유한다. 그러면 친구들이 자기 이야기를 들어주고 걱정하면서 응원해 준다. "힘내! 죽지 마. 그러지 마! 우리가 있잖아!" 처음에 관심받기 위해 자해를 시작하지 않았다 해도, 결과적으로 친구의 관심은 아이의 자해를 강화한다.

자해로 교사의 관심을 끌기 위해 애쓰는 아이가 있으며, 이는 교사를 소진으로 몰고 간다.

"제가 바빠서 자기에게 소홀해지면, 어김없이 찾아와서 상처를 보여주고 힘듦을 하소연해요."

아이가 관심을 받기 위해 자해하는 것임을 알지만, 교사들은 '혹시 잘못돼서 죽음으로 이어지면 어떡하지?' 하는 걱정과 두려움으로 이 아이에게 에너지를 쏟을 수밖에 없다. 매번 뭔가 속은 듯한, 허탈한 느낌이 들어 지친다. 특히 경험이 적은 저경력 교사들은 소진과 피로감으로 더 힘들다. 아이러니하게도 관심 끌기 위한 자해는 드러난다는 점에서 상담과 치료의 여지를 준다. 자신의 부정적인 감정이나 스트레스 등을 혼자 짊어지고 숨어서 자해하는 아이는 어른의 눈에 띄지 않는다. 심리 정서적인 어려움이 눈덩이처럼 불어나 정신적으로 문제가 된 이후 발견된다.

교사 A - 상담실에서 속마음을 이야기하고, 친구들과 담임인 제가 함께 관심을 기울였더니, 4학년 때 시작한 자해가 6학년 때 멈췄어요. 아이가 많이 밝아졌고, 그 이후에도 하지 않았어요. 한편으론 초등학교를 졸업하고 중학교에 간다는 기대감이라는 새로운 자극이 와서 자해를 잊게 한 것 같기도 해요. '사춘기로 인한 심리적 불안과 엄마와의 갈등으로 힘들었던 그 친구에게 자해는 돌파구가 아니었을까?' 하는 생각이 들었어요. 멈춘 줄 모르고 있다가, 문득 이 친구가 늘 긴팔을 입고 다녔는데, 어느 순간부터 그러지 않는다는 걸 알게 됐죠!

교사 B - 조금씩 줄어가긴 했는데, 아예 끊지는 못했어요. 근데 노력은 많이 했어요. 어느 순간부터 서서히 줄었어요. 그 와중에 마음이 약간 자란 것 같았어요. 한편으로는 자해로 문제를 해결할 수 없다는 마음도 생기지 않았나 싶어요. 어느 날 '자해를 그만하려 노력 중이에요.'라는 말에서 이전과는 다른 의지가 느껴졌어요. 자해를 멈출 것 같은 기대감 같은 게 생기더라고요. 돌이켜 보면, 자해라는 수단으로 자신을 열렬하게 표현하는 그 자리에 제가 담임으로 있었던 거죠!

교사 C - 자해하던 그 아이에게 가장 큰 영향은 위클래스 상담이었어요. 그 아이는 외모에 대한 불만, 친구 관계 이런 거였는데, 상담하면서 불안이 줄었어요. 상담실에 갈 때 정말 좋아했어요. 속마음을 이야기한 게 처음이었는데, 속이 시원하고 편안하다고. 덕분인지 조금씩 줄어들다가 얼마 후 자해가 멈췄어요.

선생님들이 가장 걱정하는 것은 한 아이의 자해가 학급 아이들에게 부정적인 영향을 미치는 것이다. 친구를 통해 자해를 배우는 아이도 있으니, 학급에 퍼질까 봐 불안해하는 것은 당연하다. 다행스럽게도 우리의 염려와 달리, 아이들은 별 영향을 받지 않는다. 다만 담임이 다른 아이들에게 나누어 가져야 할 관심을 한 아이에게 집중할 수밖에 없게 만드는 요인이 되기도 한다.

교사 D - 저와 이야기하는 것 외에 모든 상담을 거부했기 때문에 제가 아이랑 계속 이야기했어요. 힘든 애들이나 관심 가져야 할 애들이 분명히 반에 있는데, 이 아이에게 온 신경을 쓰느라 다른 아이들한테 집중하지 못했어요.

교사의 걱정과 달리, 아이들은 학급 친구가 자해하는 것을 알면 그 아이를 감싸면서 돕는다. 어느 순간 버거워지면 담임에게 도움을 요청한다. 그 아이를 위해 선생님이 움직일 때 든든한 조력자 역할을 하고, 자해가 학급으로 퍼지는 부정적인 상황을 막아준다. 자해하는 아이로 인해 지치고 힘들지만, 그 아이를 돌볼 친구가 학급에 있는 것만으로 교사는 안심이 된다.

학급 아이들이 자해하는 친구를 돌보는 교실 모습이 중·고등학교에서만 일어나는 것은 아니다. 초등학생들도 자해하는 친구를 감싸고 담임과 의논하면서 돕는다. 우리는 요즘 아이들이 이기적이라고 걱정하지만, 아이들은 나름의 방법으로 힘들어하는 친구를 배려하고 따뜻하게 안을 줄 안다. 공평하지 못한 것에는 분노하지만 '저 아이가 뭔가 어려움이 있는 것 같아'라는 생각이 들면, 그 아이가 받는 특혜를 받아들이고 이의를 제기하지 않는다. 또 다른 아이들은 둔하여 친구가 자해한 사실을 알지 못한다. 다쳤거나 긁혔다고 생각한다. 안다고 해도 친구의 자해를 대수롭지 않게 여기고 개의치 않는다. 이런 점에서 요즘 아이들의 쿨한 개인주의 경향과 둔한 면이 도움이 된다.

자해하는 아이의
부모 이야기
—

많은 부모들이 자녀의 자해를 투정이나 사춘기 반항이라며 대수롭지 않게 여기고 놀라지도 않는다. 놀라기만 하는 부모도 있다. 문제를 외면하는 모습을 보면, 가정에서 이 아이가 받는 관심을 유추할 수 있다. 이보다 더 속상한 것은 상담이나 치료를 거부하는 것이다. 당신이 힘들면 학교에서 뭔가를 하도록 동의라도 해주면 좋으련만, 그것마저 하지 않는다. 어떤 부모는 자해하는 자녀의 상담과 치료에 동의하되 학교 상담이나 근처 병원은 거부하고, 대학병원이나 유명인을 찾아다닌다. 자신이 인정하는 권위 있는 사람이 아니면 치료를 받지 않는다. 이 과정에서 시기를 놓치거나 학교와 가정이 연계하여 치료하는 데 어려움을 겪는다.

이 와중에 자기의 힘듦을 담임에게 끊임없이 하소연하는 부모도 있다. 자해의 원인이 부모의 문제에서 기인함에도 학교 친구와 교사의 평계를 대면서 교사의 진을 빼놓는다.

어떤 부모는 자녀의 자해를 알게 된 순간 미안한 마음과 죄책감으로 많이 운다. 최선을 다해 키웠는데, 이런 일이 생긴 것에 대해 자괴감과 회의를 느낀다. '내가 지금까지 뭐 했나?' 하는 자신의 노력이 부정당한 것 같은 마음에 괴로워한다. 이 부모들은 자녀의 말을 들으려고 애쓰고, 소통하려고 노력한다. 담임과 상담교사가 제안하는 치료나 프로그램에 적극적으로 참여하면서 아이는 서서히 자해를 멈추게 된다.

자해하는 아이의 모든 부모가 그런 것은 아니지만, 부모 역시 심리적인 어려움을 가진 분이 많다. 가장 많은 문제는 부모의 우울증이다. 본인이 우울증으로 힘든 상황에서 자녀의 자해는 관심을 받지 못한다. 자녀의 자해에 어쩌면 저렇게 무덤덤할 수 있는지, 아이가 안쓰러울 정도다. '나도 힘들고 위로가 필요한데, 지가 뭐가 힘들다고 자해를 하고 난리예요.' 이런 생각을 하는 미성숙한 엄마 밑에서 자란 아이라니! 살아 있는 게 고맙다는 마음이 들 정도다. 마음의 여유가 없으니, 자녀의 자해는 당연히 감당이 안 된다.

드물긴 하지만, 자신의 우울한 마음을 팽개쳐둔 엄마가 자녀의 자해를 계기로 치료를 받기도 한다. 엄마와 아이가 함께 치료받으면서 심리적으로 안정되고, 그 결과 아이의 자해가 멈추기도 한다.

자해하는 아이들은 부모의 알코올 문제나 이로 인한 폭력성, 부모와의 관계 갈등에 따른 어려움을 겪는다. 이런 가정 환경은 아이의 불안을 키우고, 고민을 말하지 못하게 막는다. 아이들은 친구 관계나 심리적인 어려움, 학업 스트레스 등을 혼자 떠안는다. 가정에서 일어나는 정서적 돌봄 부족과 소통 부재는 아이를 위축시키고, 이는 자해로 연결된다. 일반 가정의 아이들도 다양한 이유로 부모와 소통하지 않거나 대화하지 않는다. 하물며 가족 문제가 있는 가정의 아이들은 오죽하랴!

별다른 심리적 문제가 없는 대부분 학부모는 아이의 자해를 알았을 때, 높은 관심과 빠른 대처, 치료에 적극적이다. 주로 이 아이들의 자해는 학업 스트레스로 인해 발생한다. 성적에 대한 부모의 지나친 기대와 압력은 아이의 불안을 부추기고 이는 자해로 연결된다. 학업 성적으로 자해하는 아이 중에는 성적이 우수한 아이들도 많다. 이 아이의 자해는 관심받기 위한 것이 아니므로, 선생님이나 부모가 발견하기 어렵다.

"(자해하는 아이) 부모님과 다투고 싶지 않은데 싸우면 스트레스가 쌓여서 자해를 해요. 부모님이 저를 믿지 않기 때문에 잘하고 싶어서 무엇을 하든 긴장이 돼요. 시험도. 모든 것을 잘해야 해요. 언니와 비교당하는 말에 상처도 받아요."

"(자해하는 아이의 부모) 딸이 자해한 것에 대해 아빠는 너무 놀랐고 무엇보다 화가 나서 말도 하지 않고 있어요. 어린아이도 아닌데 계속 어리광을 부리는 느낌이 들고 집에서도 밖에서도 그런 행동을 하는 게 받아들이기 힘들어요. 선생님은 아이 입장을 말씀하시지만 실제로 집에서는 안 그래요. 너무 속상하네요. 저를 싫어하니까 어떻게 해야 할지 막막하기도 하고. 나름 노력하는데 어렵네요."

자해하는 아이에 대한
교사의 고민
—

자해 아이가 있는 교실이라면 교사 누구나 큰 고민과 걱정을 떠안기 마련이다. 자해 학생 담임 교사가 대응 과정에서 겪은 도움과 어려움을 표현한 글을 소개한다.

교사 A - 객관적인 자문이나 의견을 줘도 본인의 생각과 해결법을 고집했어요. 학교 상담은 거부하고 외부 상담 전문가를 찾거나, 정신과 병원 치료를 요청하면 꼭 대학병원만 고수했어요. 겨우 설득해서 위클래스 상담을 했는데, 이번엔 아이가 공개하기를 꺼리는, 비밀을 지켜달라고 간곡히 부탁했던 내용까지 알아야겠다고 딴지를 걸어요. '우리 애가 한 이야기를 부모가 모르는 게 말이 되냐?'라며 아무리 말해도 막무가내였어요. 결국 상담을 거부하셨죠. 거부할 명분을 찾았던 게 아닐까 싶어요.

교사 E - 저는 자해 학생보다 그 부모 때문에 더 힘들었어요. 학교에서 온갖 방법과 정성을 다해 아이를 안정시켜 집에 보내면, 주말에 와장창 깨져서 오는 거였어요. 그냥 그대로만 둬도 더 나빠지진 않을 텐데, 비난이나 공격적인 말로 아이가 상처받고 우울해지니까, 만신창이로 만든다고 해야 하나! 이 패턴이 한참을 갔어요. 부모가 바뀌지 않으면 자해를 멈추지 않을 것 같아 방문을 요청하면 또 오지도 않아요. 기가 막히죠.

교사 C - 자해 아이가 우리 반에 있을 때 중간에서 조율할 게 많아요. 이런 점이 부담스러웠어요. 애랑 학부모를 중재해야 하고, 상담샘과 학부모의 의사소통에도 관여할 일이 생기거나 학교와 학부모 사이에 끼기도 해요.

교사 D - 학부모가 처음엔 아이를 함께 걱정하고 상담에 동의하지만, 시간이 지날수록 발을 빼고, 학교에서 모든 걸 해주기를 바라더라고요. 병원 연계 등은 거부하고, 당신들도 지쳤다면서 알아서 하라는 말을 할 때는 난감하죠. 이럴 땐 강제로 아이의 치료를 집행하는 권한을 학교에 주면 좋겠다는 생각을 했어요.

힘들고 막막한 상황에서 많은 도움을 주고 든든한 백이 되는 것은 동료 교사이다.

교사 B - 저는 일단 모르니까 상담 샘에게 여쭤보고, "이럴 땐 어떻게 해야 할까요?" 계속 의논하면서 했어요. 매일 제가 아이에게 이렇게 했고, 이야기를 나눈 것에 대해 자문받고 반영해서 아이와 상담했죠. 저 혼자 하는 것보다 훨씬 안심됐어요. 도움이 됐던 게 저는 상담 샘이 프로그램을 소개해 준 거였어요. 도저히 어떻게 해결할지를 모르겠는데 같이 신경 써주는 덕분에 부담이 줄었어요.

교사 C - 부장님이 경력도 많고 하니까 저처럼 아이한테 안 휘둘리세요. 침착함을 유지하고, 아이한테 계속 이야기하고, 되게 든든했어요. 우리 반 일이니까 저 혼자 해결해야 하는 문제라고 느낄 수 있는데 많이 도와주시고 "그 아이는 요즘 어때?" 하며 계속 저한테 여쭤보셨거든요. 자해 이후에도 저를 챙겨주시는 게 느껴져서 의지를 많이 했어요.

교사 A - 저는 학급에서 무슨 일이 일어났을 때 혼자 바둥거리거나 끌어안고 가는 게 아니라 관리자가 나서서 진행해 주니까 든든했어요. 제가 뭔가 요청했을 때 위기관리위원회를 열어주고, '담임 혼자 알아서 해봐라!' 하는 식이 아니어서 좋았죠.

반대로 동료의 도움을 받지 못하고 혼자 떠안은 선생님도 있다.

교사 D - 자해하는 아이가 있으면 담임 혼자 동동거리기보다 학교 전체의 도움이 필요하더라고요. 특히 제가 근무한 곳은 작은 학교라 더 절실했어요. 자해한 여자아이의 상처를 확인하는 것도 남교사인 저에겐 부담이었거든요. 예민한 아이를 더 힘들게 할까 봐 걱정도 되고요. '그거 제 업무 아닌데요. 하기 싫은데요.'라고 말하니까 참 난감하더라고요. 화가 났죠!

교사 E - 우리 반에 자해하는 아이가 있으면, 제가 모든 수업을 들어가는 건 아니니까 학년 부장의 도움이 필요할 때가 많아요. 학년 부장이 본인의 일에만 집중하여 안 계시는 거랑 똑같은 상황이 되면 중학교 담임은 많이 어렵거든요. 같은 교사로서 좀 토닥거려 주거나 그 아이에게 관심을 함께 보내야 좋은데, '그 아이 어때요?'라고 한 번 물어보지도 않았어요. 그 아이가 제 모든 에너지를 빼놓는 상황에서 '알아서 하세요.'라는 느낌을 받았어요. 너무 외로웠어요. 저 혼자 감당하기에 너무 버거웠어요. 섬에 고립된 느낌도 들고요. 관리자도 강 건너 불구경하는 듯한 표정과 말투였어요. 화가 많이 났죠. 막막하기도 하고 앞이 깜깜했어요.

교사 C - 저는 만약 제 친구가 겪었던 것처럼 부장이나 관리자가 무관심한 학교에 있었다면, 못 버텼을 거예요. 감당하기 어려워하는 저를 위해 선생님들이 함께 도와주는 느낌이었어요. 그래도 정말 힘들었거든요. 그런데 동료 샘들의 도움이 없다면? 못 견디죠! 당연히.

교사는 자해 학생으로 인해 많은 심리적 소진을 겪는다.

교사 A - 애가 자해만 한 게 아니라 죽고 싶다는 말도 하니까, 힘든 상황이 생겼을 때 자살 시도를 하면 어떡하지? 하는 불안이 늘 따라다녔어요. 두려움도 컸어요. 1년 동안 불안과 두려움을 계속 느끼니까, 피곤하고 소진되는 느낌이었어요. 학교 가기가 싫었죠. 휴직하는 선생님의 마음이 너무 이해됐고, 저도 떠날 방법을 찾으면서 보냈어요.

교사 B - 분명히 저랑 얘기하면서 마음을 풀고 간 것 같았는데, 막상 다음 날 얘기해 보면 똑같이 돌아와 있는 쳇바퀴 돌리는 일상이었어요. 내가 관심 주고 얘기하다 보면 괜찮아지겠지! 라는 마음으로 최선을 다하는데, 제가 뭘 해줘도 아이는 변하지 않으니, 이제 나는 무엇을 하나? 지치고 무기력해졌어요.

교사 C - 제일 힘들었던 건 시간이 오래 걸린다는 거였어요. 아이가 시간이 갈수록 거짓말을 하니까 진실과 거짓 구별이 어려웠어요. 제 관심을 끌고 싶어서 거짓말을 하고, 하지 않던 행동을 했어요. 부모님이 그런 행동을 안 했음에도 했다고 말한 적도 있어요. 좀 지치더라고요.

교사 E - 부적응 행동으로 학교 상담, 외부 기관 프로그램 등 학교에서 할 수 있는 모든 걸 지원받는 상황이라, 더 이상 줄 수 있는 도움이 없었어요. 뭘 해도 바뀌지 않으니까, 너무 힘들었어요. 가정 원인이 컸거든요.

처음에는 힘들고 어려웠지만, 개인적인 노력과 동료 교사, 학교의 지원으로 잘 극복해 내고 이것이 성장의 밑거름이 되는 경우도 있다.

교사 F - 처음 접하는 데다 모르던 분야다 보니 아이와 상담하면서도 '내가 부족하구나! 좀 더 공부가 필요하구나!'라는 생각을 했어요. 그러다 보니 제 탓으로 돌리면서 의기소침해지고 위축되기도 했어요. 다른 문제 행동이라면 경험도 있고 들은 이야기도 있으니까 대응하는 것이 조금은 자신 있었을 텐데. 이 아이는 일반적이지 않은데, 정답까지 없었어요. 아이가 이리저리 왔다 갔다 하면, 저도 따라서 우왕좌왕하는 거예요. 한편으론 제가 가진 틀을 깨는 학생이었어요. 제가 어느 선에서 아이와 관계 맺고 개입해야 하는지 그 선이 어려웠어요. 덕분에 학생을 바라보는 시야와 스펙트럼을 많이 넓힌 것 같아요. 제 경험 범주에 없는 아이였으니까.

힘든 시간이었지만, 학교에서 어쨌든 잘 대처해 준 덕분에 동료의 고마움을 많이 느꼈어요. 결론적으로는 자해를 하는 아이가 또다시 우리 반에 생긴다 해도 어쨌든 경험이 있으니까 잘 해나갈 수 있겠다는 생각이 들어요.

자해하는 아이
상담의 어려움

—

A는 중2 때 자해를 시작하였으나, 엄마가 치료를 거부하여 아버지를 통해 아이와 엄마가 함께 치료받도록 설득하였다. 엄마는 우울증 치료를, A는 자해 치료 프로그램과 약물 치료를 받았다. 치료받으면서 자해 빈도는 줄어들었으나, 여전히 위클래스와 외부 상담을 거부하고 담임과만 이야기했다. 조금씩 안정되어가던 것처럼 보이던 아이는 어느 날 약물 과다 복용 후 응급실에 보내졌다. 한두 달 다니던 병원 치료를 멈췄고, 그 무렵 학년 말 업무로 자신에게 신경을 못 쓰던 담임과 관계도 소원해졌음을 알게 되었다.

3학년이 되어서는 문제가 나아졌다며 여전히 병원 치료를 받지 않은 채 담임에게만 자신의 마음을 말했다. 6월쯤 가족 스트레스로 자해가 심해져서 상담을 약속하였으나 나타나지 않았다. 그 후도 담임에게 계속 하소연했고 담임은 점점 지쳐갔다.

위클래스 상담을 거부하는 A를 만나기 전까지는 담임의 어려움을 체감하지 못했다. '자해하는 아이는 상담실이나 병원에 보내면 되지!'라고 생각했다. 많은 학교에 상담교사가 있으니, 상담하거나 관리하면 된다고 여겼다. 그러나 이 아이처럼 상담을 거부하면 담임 혼자서 아이를 살피고 대응해야 한다. 이때 상담교사로서 내가 할 수 있는 것은 담임이 어떻게 대응하고 무슨 말을 하는 게 좋은지 의논하고 자문하는 것이다. 프로그램과 치료 기관을 안내해도 가지 않으니 소용없다. 오롯이 담임 몫이다. 그나마 담임에게라도 말하니 다행이라고 해야 하나? 하지만 상담교사도 쉽지 않은 자해하는 아이를 담임이 감당하긴 버겁다.

자해 학생 상담은 상담교사가 담당하고, 필요할 경우 외부로 연계하는 게 맞다. 물론 상담교사가 담당한다고 해도 일상생활에서 담임이 할 일이 많다. 문제는 자해 아이들이 상담실을 거부할 때 일어난다. 이때 담임의 든든한 후원자 역할을 하면서도, 담임이 부담하고 가는 무게를 지켜볼 수밖에 없어 안타깝다. 다른 어려움은 위기관리위원회나 학부모 상담에서 아이의 치료나 프로그램 참여를 권하지만 듣지 않는 것이다. 말을 물가에 데려갈 수는 있어도 물을 억지로 먹일 수 없다는 건 알지만, 치료에 나서지 않는 부모를 보면 정말 화가 난다. 특히 자해는 생명과 연관이 있어 교사의 불안이 높다. 학교의 어려움은 아랑곳하지 않고 "그러다가 말아요! 안 죽어요!"라는 말을 들으면 나 역시 분노가 치민다.

상담교사로서 중간에서 겪는 어려움도 있다. 자해하는 아이들은 상담할 때 비밀 보장을 요구한다. 본인도 자해가 부정적인 선택임을 알기에 더 그렇게 요구하는 듯하다. 자해가 시작 단계거나 상담실에 계속 올 여지가 보이면 조금씩 라포를 형성하면서 부모 상담을 동의하게 한다. 하지만 자해의 정도가 심해진 상태로 상담실에 오면 비밀 유지가 어려워진다. 부모의 동의를 받고 전문적인 치료를 받아야 하기 때문이다. 가장 난감한 것은, 부모에게 알리면 상담하지 않겠다고 할 때이다.

자해하는 아이와
담임의 대화

—

담임이 자해 학생을 맞닥뜨렸을 때 놀라는 한편으로 '이걸 어떻게 하지? 무슨 일이지? 어떻게 하면 자해를 멈출까?' 하는 생각에 답답하고 막막하다. 자해를 멈추는 방법과 정답이 있으면 좋겠지만, 그런 건 없다. 자해하는 아이들은 경우마다 상황이 다르고 이론대로 흘러가지 않는다.

다음은 자해하는 아이와 대화하기 좋은 질문이다. 아이가 담임에게 믿음이 생긴 이후에 하는 것이 좋고, 아이가 하는 대답을 듣고서 비난하거나 공격하지 않아야 한다.

첫 번째 질문은 "언제부터 자해를 했니? 그때 무슨 일이 있었니?"이다. 대답을 통해 아이의 자해가 어느 정도 지났는지, 어떤 이유로 자해를 시작했는지 유추할 수 있다. 자해를 시작한 시간이 오래됐을수록 빈도와 강도가 강할 가능성이 있다.

두 번째는 "자해를 얼마 정도 하니?(하루에 몇 번, 일주일 또는 한 달에 몇 번)"라고 묻는다. 대답을 들으면서 현재 아이의 자해 빈도나 상황을 알 수 있다. 자주 한다면 아이가 요즘 스트레스나 심리적으로 불안하다는 것을 짐작할 수 있다. 드물게 한다면, 조금은 안정적이라는 의미일 수 있다. 이때 아이가 관심 가질 다른 일이 생기거나 친구 관계가 좋아지면 자해 빈도가 줄거나 멈출 수 있다.

다음 질문은 "어떨 때 자해를 하고 싶니? 어떨 때 자해를 하니?"

가 좋다. 자해 이유를 알게 되면, 담임이 어떤 대응을 할지 부모나 학교가 무엇을 해야 할지 알 수 있다. 그리고 "주로 어디에서 자해를 하니?"를 묻는다. 아이들은 자해를 주로 집에서 하지만, 간혹 학교에서 하기도 한다. 학교에서 자해할 때는 좀 더 전문적이고 빠른 조치가 필요하다. 교실에서 자해할 때는 전문가의 도움을 받아야 한다. 학급 아이들이 받는 충격이 생각보다 크고, 통제가 어렵기 때문이다. 본인이나 부모가 상담을 거부한다면, 다른 아이들 보호를 위해 수업 참여가 어려움을 강조하여 치료 참여를 이끌어야 한다.

아이들은 의도하든 의도치 않든 자해를 통해 얻는 것이 있다. 이를 알기 위해 하는 질문은 "자해를 하고 나면 어때?"이다. 이 질문에 대한 답은 우리의 상식을 벗어날 수 있다. 우리는 상처에 집중하여 아프겠다고 안쓰럽게 말하지만, 대부분 "아프지 않았어요. 짜릿한 느낌이 들고, 좋았어요."라고 대답한다. 순간 교사 자신도 모르게 놀란다. 이때 아이에 대한 비난이 이어지면 아이는 마음을 닫아버릴 가능성이 높다.

마지막으로 "자해하고 싶을 때 참은 적이 있니?"라고 묻는다. 아이가 자해를 멈추기 위해 어떤 노력을 하는지 알고, 돕기 위해서다. 참지 못하고 자해한 것과 비교하여 칭찬하면 안 된다. 아이들은 자해를 하면서도 참지 못한 자신을 질책하고 속상해한다. 자해를 참았을 때 아이에게 건강하고 긍정적인 대처 기제를 제안하는 것도 좋다. 스스로에게 "잘했어! 잘 참았어!"라고 말하거나, 등교하여 자신의 대견함에 대해 교사에게 자랑하는 것도 도움이 된다. 참지 못하고 자해를 했을 때도 속상해하는 아이의 마음을 공감하는 것이 중요하다.

담임이 교실에서 자해하는 아이를 돕는 또 다른 방법은, 긍정적인 관계를 맺도록 기회를 주는 것이다. 자신의 단점을 아는 친구들이 자신을 싫어하거나 떠나지 않는다는 경험을 하면 불안이 줄어든다. 관계에서 주도적인 역할을 해보는 것도 도움이 된다. 자신에 대한 확신이 부족하고 자존감이 낮으므로, 장점을 강화하여 약점을 관리하도록 돕는 것도 효과적이다. '난 지금 이대로 괜찮은 아이'라는 생각을 정착시키는 것이다. 칭찬받고 주목받을 수 있는 역할을 부여하는 것도 자해를 막는 효과가 있다.

교사는 아이에게 관심을 계속 가지고 마음을 들어주면 아이의 자해가 줄어들 것이라고 기대한다. 하지만 지속성과 반복성 때문에 자해는 하루아침에 멈추지 않으며, 이는 교사의 역량 부족 때문이 아니다.

"아이가 원하면 언제든 이야기를 듣고 위로해 주거든요. 근데 내일 되면 아이가 또 제자리예요. 제가 뭘 잘못했나? 하는 생각도 들고."

자해 학생 담임 선생님들이 자주 하는 말이다. 온 마음을 쏟은 교사의 노력에 찬물을 끼얹는 이 패턴이 자해 학생의 특성이다. 늘 함께 있는 몸이 도구이고, 감정 해소나 시원함 등 자해의 역기능으로 중독 경향이 강하기 때문이다. 담임이 그나마 아이의 하소연을 듣고 공감해 줘서 그 정도다. 또 다른 이유는 버림받는 것에 대한 두려움이 자해 학생의 마음에 깔려 있기 때문이다. 담임에게 자신의 모든 것을 드러냈기 때문에 담임도 자신을 버릴지 모른다는 불안이 있다. 한편으로 부모나 타인을 욕한 것에 대한 죄책감도 몰려온다. 울며불며 온갖 이야기를 다 하고 난 다음 날 뭔가 거리감을 느끼는 이유는 이 때문이다. 선생님 잘못이 아니다.

자해 학생이 생기면 담임과 학부모, 상담교사, 관리자 등이 모여 위기관리위원회를 연다. 위기관리위원회는 학년 초 구성하는 자체 협의기구로 학생 위기 대응을 위한 시스템이며, 사안에 따라 개최 여부를 결정한다. 학교마다 담당자는 다를 수 있지만, 시도교육청 매뉴얼에 따라 형식적이든 아이의 문제 해결을 위해서든 절차를 밟는다. 절차보다 더 중요한 것은 위원회의 효과인데, 효과가 없는 아이도 있다. 위원회에서 권유받은 상담이나 외부 기관 의뢰, 병원 치료 등이 이뤄질 때 자해 빈도와 강도가 줄어들기도 한다. 그러나 조치에 강제성이 없어 부모나 아이가 움직이지 않을 때는 변화가 어렵다.

아이의 자해가 계속됨에도 아무런 움직임을 보이지 않을 때, 두 번째 위기관리위원회를 연다. 위원회 개최와 참석에 대한 학부모의 강력한 거부가 있으면 개최가 힘들거나 담당자만 모여 협의할 때도 있다. 자해는 부모의 협조가 변화의 큰 요인이므로 이러면 반쪽짜리 위원회가 될 수밖에 없다. 자해 학생 담임에게 가장 힘든 상황은 학교에서 위기관리위원회 개최를 꺼리는 것이다. 위원회 조치가 아이에게 효과가 없고 형식적일지라도 동료 교사와 관리자, 부모가 모이는 것만으로 담임에겐 위로와 지지가 된다. 함께 의논하면서 여러 의견을 듣고 실질적인 도움을 받을 수도 있다. 무엇보다 자해는 개인정보에 민감한 영역이라 위기관리위원회 같은 공식 모임이 아니면 도움을 요청하기도 힘들다. 담임을 고립시키면 힘듦을 혼자 짊어질 수밖에 없다. 동료가 도와야 한다.

비자살성 자해
vs 자살 시도

—

우리가 만나는 자해 아이들은 대부분 비자살성 자해를 한다. '비자살성'이라는 걸 어떻게 알 수 있느냐고 반문할 수 있는데, 이는 자살 시도와 비교하면 분명해진다.

비자살성 자해와 자살 시도의 가장 큰 차이는 의도(목적)에 있다. 자해는 지금 겪고 있는 심리적 고통을 감소하려는 목적, 즉 살고자 하는 의도가 있다. 자해 아이들은 손목을 긋거나 머리를 뽑는 등 빈도가 높고 반복적인 방법을 선택하고 중독되는 경향이 있다. 반면 자살 시도는 빈도는 낮으나 치명적인 방법을 사용한다. 또 자해 아이들은 내 몸이라도 내 마음대로 하고 싶다는 생각과 수치심과 죄책감, 버림받을까 봐 두려워하는 마음이 있다. 이에 반해 자살 시도는 무기력하고 문제 해결이 불가능하다는 생각으로, 뭘 해도 이 상황을 벗어날 수 없다는 자포자기의 마음이 있다. 두 행동의 결과를 보면, 아이들은 자해 후 안도감을 느끼고 진정되며, 몸의 고통을 통해 마음의 고통을 일시적으로 감소함으로써 자신이 살아 있음을 느낀다. 자해하는 아이들은 감각 자극에 예민하고 섬세하며, 친구 관계에 민감한 편이다. 반면 자살을 시도하는 아이들은 우울하고 좌절감이 있는 경우가 많으며, 충동적으로 시도하기도 한다.

정신장애 진단 및 통계 편람(DSM-5)에서는 비자살성 자해를 '자살 의도가 없는 자해'로 명명하고 추가 연구가 필요한 진단적 상태로 분류하고 있다. 이 편람에는 비자살성 자해를 판단하는 기준을 '1년 동안 5일 또는 그 이상 신체에 고의적, 의도적으로 상처 또는 출혈, 고통을 유발하는 행동을 스스로 자신에게 가하는 행동'으로 규정한다. 요컨대, 비자살성 자해는 죽으려는 생각은 없으면서 몸에 상처를 내는 행동이다. 교사들이 자살 시도와 다른 비자살성 자해의 속성을 알고 있으면, 손목을 그은 자해 학생을 발견했을 때 조금은 덜 당황하면서 대처할 수 있다.

우리나라 청소년의 비자살성 자해는 2018년 폭증했으며, 이 무렵 자해 후기를 인터넷으로 공유하면서 놀이처럼 즐기는 학생들을 보고 교사들은 당황했으며 두려움을 느꼈다. 최근 청소년 자해는 중학생에서 초등학생으로 낮아짐으로써 초등 선생님들을 당황시킨다.

자해의 원인을 내적, 외적 요인으로 나누었을 때, 대표적인 내적 원인은 자해를 자신의 불안, 우울, 스트레스 등 부정 정서를 조절하거나 해소하기 위한 도구로 사용하는 것이다. 외적인 요인 중 가장 큰 영향을 미치는 것은 가족이다. 부모와의 관계에서 부정적인 정서를 많이 경험할수록 자해를 자주 한다. 자녀의 자해 문제를 해결하기 위해 학부모 상담이나 위기관리위원회 참석을 요청할 때 많은 학교에서 부모의 비협조와 무관심, 학교 탓을 하는 적반하장의 태도로 어려움을 겪는다. 이처럼 많은 자해 학생은 가족 문제를 동반하고 있다.

자해하는 아이
Q&A

Q 아이가 자해 행동을 반복하는 걸 막을 방법이 없을까요?

A 아이들은 자신의 부정적인 감정(불안, 분노, 외로움 등)을 해소하기 위해 자해를 선택합니다. 이런 점에서 보면 환경과 아이의 특성이 변하지 않는 한 자해 행동은 줄어들지 않을 가능성이 있습니다.

자해 행동 하나하나에 대응하다 보면 선생님이 먼저 지쳐서 쓰러질 수 있습니다. 자해를 발견하면 아이랑 이야기를 나누면 됩니다. "어제는 무슨 일이 있었니? 하고 나니 어떠니?" 등등을 이야기하면 됩니다. 어려운 일이지만, 자해 행동에 반응하지 말고, 자해를 한 이유와 아이의 마음에 초점을 맞춰보세요.

자해를 막을 수 있는 하나의 방법은 없습니다. 다만 위클래스나 담임 상담으로 아이의 마음이 풀리거나 다른 관심사가 생기면 멈추기도 합니다. 안타깝게도 많은 애를 썼는데 멈추지 않아 무기력함을 느낀다는 선생님도 많습니다. 자해를 바로 멈추게 하면 좋겠지만, 그렇게 되지 않는다고 해도 너무 실망하지 않으셨으면 좋겠습니다. 시간이 많이 필요하니까요.

Q 자해하는 아이에게 다정한 말과 관심을 주고 있는데, 학생에게 도움이 될까요? 아이와 단지 이야기하는 것만으로 도움이 될까? 긍정적인 변화가 올까? 하는 의문이 듭니다.

A 단언컨대, 선생님의 관심과 아이의 마음을 두드리는 대화, 돕고자 하는 마음을 표현하는 것은 자해 아이에게 많은 도움이 됩니다. 처음에는 거부하지만 믿음이 생기면 조금씩 자신의 마음을 터놓습니다. 먼저 아이와 가까워져야 합니다. 자해를 시작한 지 얼마 되지 않은 아이들은 담임의 관심만으로도 멈출 때가 있습니다. 그러나 대부분은 담임의 지속적인 관심에도 변화가 바로 나타나지 않습니다. 선생님이 할 수 있는 만큼의 에너지를 쓰셔야 합니다. 다른 문제 행동도 그렇지만 특히 자해는 장기전일 수 있습니다.

간혹, 자해나 자살 생각을 하는 학생에게 자해에 대해 직접 묻는 것이 맞는지 질문하는 선생님이 있습니다. 대답은 "Yes!"입니다. 자해하는 아이는 이유가 무엇이든 관계에서 철수하여 스스로 해하는 행동을 하는 것입니다. 그래서 사회나 사람과 연결되도록 관심 가져야 하고, 그래야 결과적으로 효과가 있습니다. 선생님이 하는 질문 내용보다 더 중요한 것은 고립된 아이가 밖으로 나오도록 하는 선생님과 아이의 대화입니다. 다만 질문을 해도 말하지 않을 때는 강압적으로 하지 않아야 합니다. 교사가 바라보는 자해에 대한 시각을 강요해서도 안 됩니다. 관계에 예민한 아이들이 많아서 선생님의 말과 행동에 영향을 크게 받습니다. 아이에 따라서 마음을 열 때까지 오랜 시간이 걸리기도 합니다.

Q 학생이 자해를 통해 자신이 원하는 것을 요구할까 봐 걱정돼요. 학생 어머니도 아이가 자해를 또 할까 봐 모든 요구를 들어주는데, 이게 과연 학생에게 잘하는 일일까요?

A 염려하시는 것처럼 어떤 아이들은 자해를 통해 뭔가를 얻어냅니다. 부모나 담임이 당황하고 놀라면서 아이의 요구를 수용해주면, 다음에 뭔가를 또 요구할 수 있습니다. 필요한 것이 있을 때마다 자해로 부모를 협박하는 아이도 간혹 있습니다. 부모 스스로 죄책감을 느끼는 가정에서 이런 경우가 있습니다. 부모가 휘둘리기 시작하면 학교에서 대응이 더 어려워집니다. 이런 점에서 부모와 함께 대응해야 효과적입니다. 아이의 자해에 교사나 학부모가 이용당할 수 있습니다. 그렇다고 해도 아이가 안정을 찾을 때까지 모르는 척 이용당해 주는 선생님도 계십니다.

교육적으로 아이에게 휘둘린다는 생각이 들 때, '이 아이는 자해를 왜 할까? 자해를 통해 얻는 것은 뭘까? 자해 후 얻는 긍정 강화는 뭘까? 자해로 뭔가를 얻는다면, 그걸 대신할 수 있는 것이 있을까?'를 생각하면서 아이를 살펴보세요. 교실에서 선생님이 발견한 모습을 상담교사나 부모와 의논하고, 필요한 치료는 전문가에게 맡겨야겠지요.

Q 저는 솔직히 학생의 자해 행동이 무섭습니다. 어떤 일이 일어날지 몰라 불안합니다.

A 당연히 겁이 나죠. 우리의 상식을 벗어나는 몸을 해치는 행

동을 하니까요. 하지만 너무 겁먹지 않으셔도 됩니다. 설령 어떤 일이 있다 해도 선생님 잘못이 아닙니다.

상담교사인 저도 자해하는 아이와 상담하다 보면 지칠 때가 많습니다. 어떨 땐 달래고 공감하다가 협박도 해보고 모르는 척 무시도 했다가 싸워도 보는 등 좌충우돌했습니다. 공부도 하고 시간이 지나면서 자해 아이들은 몸에 상처를 내면서 자신을 표현하고, 그로 인해 본인들도 괴롭고 자존감도 떨어진다는 것을 알게 되었습니다. 아이들은 자해를 그만해야 한다는 생각과 자해가 주는 쾌감 사이에서 갈등합니다. 상담하다 보면 아이가 안쓰럽고 이해가 됩니다. 다행스러운 것은 이 아이들은 마음이 열리면 자신의 이야기를 아주 잘한다는 겁니다. 너무 염려하지 않으셔도 됩니다.

Q 교사로서 저는 앞으로 자해 아이에게 어떻게 해야 할까요?

A 선생님은 지금도 잘하고 있습니다. 선생님이 할 수 있는 최선을 다하고 계십니다. 이 모든 노력의 결과가 바로 나타나지 않는다고 할지라도 아이에게 도움을 주는 씨앗이 될 것입니다. 가장 중요한 것은 선생님이 버텨내는 것입니다. 그래야 아이가 흔들려도, 다시 자해를 해도 지켜볼 수 있습니다. 조바심 내지 말고 기다리면 아이의 모습이 객관적으로 보일 것입니다. 혼자 고민하지 말고 동료 교사와 관리자에게 도움을 요청하세요. 학교가 안 되면 외부 기관에 자문을 신청해 보세요. 치료는 전문가에게 맡기고, 선생님은 할 수 있는 만큼만 하면 됩니다.

Part 5

마음이 멍든 아이들

자신의 틀 속에 갇힌
강박 경향 아이들

—

　강박 경향이 있는 아이들은 부모 중에 강박 행동을 하는 사람이 있을 가능성이 있다. 이런 부모를 둔 아이들은 부모의 높은 기대에 맞춰 행동하고 따르려 한다. 우리나라에서는 완벽을 위한 강박을 은근히 장려하는 경향이 있어 엘리트 부모 중에 강박과 완벽주의가 많은 편이다. 학생 중에도 야무지고 철저하게 맡은 역할을 잘하는 아이들은 교사로부터 칭찬받을 확률이 높고 성적이 높아서 문제로 생각하지 않는다.

　강박 경향의 부모는 자신뿐만 아니라 자녀도 과잉 통제하는데, 자신의 기준에 맞지 않으면 아이를 처벌한다. 눈에 보이는 강한 처벌이 아니어도, 자신의 요구 수준에 부합하지 않는 것은 당연히 칭찬하지 않고, 부합해도 인정하지 않고 좀 더 높은 수준의 요구를 한다. 85점을 받아 온 아이의 성취를 인정하기보다 "90점을 받으면 더 좋았을 텐데 다음에 90점 받자." 등의 반응을 한다.

부모의 양육 태도 역시 가혹하거나 지나친 면이 있다. 강한 책임감을 강조하는데, 이 아이들이 반장이나 리더가 되면 스스로 자신의 책임감에 치인다. 학급 아이들도 힘들어한다.

부모가 완벽하고 강박적인 경우, 아이들은 늘 사랑이 충분하지 않다고 여긴다. 그 이유가 자신이 완벽히 않기 때문이리고 생각하고, 열심히 하면 충분한 사랑이 올 것이라는 가스라이팅을 당한다. 그러나 그런 일은 없다. 부모 자신이 스스로 만족하지 못하기 때문에 자녀에게 만족을 기대하긴 현실적으로 어렵다.

강박적인 성향의 아이들은 다음과 같은 인지 왜곡을 갖고 있다.

첫째는 비합리적인 신념이다. 나는 절대로 지각하면 안 된다, 실수하지 않아야 가치 있는 존재다, 실수하면 쓸모없는 존재다! 라는 생각을 한다. (반장인 내가 오늘 수업 시간에 야단맞았어요, 그런 실수를 하다니 아이들이 저를 찌질한 반장으로 볼 거예요.)

둘째는 흑백 논리(이분법)적 사고이다. '완벽 아니면 실패'라는 흑백 논리나 모 아니면 도를 말한다. 그래서 쉽게 시작하지 못하고 꾸물거린다. 내내 생각만 한다. (조금이라도 선을 잘못 그리면 인생 실패다, 10분 지각하는 것보다 차라리 결석하는 게 깔끔하다.)

셋째는 과대 해석과 파국화로 실수로 인한 결과를 과대 해석하거나 중요한 일의 의미를 지나치게 축소한다. (이번 중간고사를 망치면 인생 쫑나요, 외고에 못 갈 거예요.)

넷째는 '반드시 ~해야 한다(must)'는 당위적인 사고를 한다. 자신의 의지와 감정을 따르지 않고, 규칙에 맞춰 생각하고 행동하므로 자신의 욕구를 모른다. (선생님 말씀은 반드시 지켜야 한다, 수업 시간에 절대로 떠들면 안 된다.)

다섯째는 세상에 대한 확신이 부족하다. 자신이 원하는 것을 모르기 때문에 자기 결정이나 행동, 신념에 대한 확신이 낮다. 문제에 직면했을 때 자신을 의심하거나 극단적인 모습을 보인다. (내가 할 수 있을까? 못 할 거야. 차라리 죽어버리는 게 나을까?) 자신을 믿고 뭔가를 도전하거나 시작하는 데 아주 많이 망설인다.

강박 경향 아이들은 학교생활에서 정해진 틀이나 관행에서 벗어나지 못하고, 벗어나면 뭔가 큰일 날 것 같은 생각을 한다. 상황을 융통성 없이 받아들인다. 행간을 읽지 못하고 농담을 이해하지 못하는 면이 있다. 처음 한 생각, 계획, 해결 방법을 상황의 변화에 따라 유연하게 바꾸지 못하고 고수한다. 바꾸면 스트레스를 엄청 받는다. 예측이 어려운, 모호하고 불확실한 것을 두려워한다.

강박 경향 아이들의 대인관계를 살펴보면, 선생님 말씀을 잘 따르고 맡은 바 최선을 다한다. 반장 등 리더 역할을 할 때가 많으며, 아이답지 않게 야무지고 일 처리와 공부도 잘해서 주로 칭찬받는다. 이런 점 때문에 교사의 관점으로 다른 아이들을 바라보고, 그래서 친구의 마음을 헤아리기 어렵다. 틀이 유연한 친구들의 마음이 이해되지 않는다. 특히 산만한 아이들이나 반항하는 친구들, 규칙을 지키지 않은 아이들은 도저히 이해할 수 없고, 이 아이들로 인해 교사가 힘들어하므로 교사보다 훨씬 더 이 아이들을 싫어하고 미워한다.

강박 경향의 아이들은 자신의 말이나 행동이 다른 사람에게 어떤 영향을 미치는지 잘 이해하지 못한다. 자신은 어른이 시키는 대로 하는 경향이 있기 때문에 이의를 제기하지 않는다. 다른 아이들도 그래야 한다고 생각한다. 이로 인해 또래 친구를 공감하지 못하고 자신의 사고 밖에 있는 관점과 견해를 받아들이는 데 어려움이 있다. 곧이곧대로 생각하는 경직된 사고로 친구 갈등을 부른다.

이 아이들과 이야기를 나눌 때는 "친구의 어떤 점이 마음에 안 드니? 그 아이는 왜 그런 말과 행동을 할까? 친구들은 너를 어떻게 생각할까?" 등의 질문이 도움 된다. 선생님 입장에서만 친구의 행동을 비난하는 것이 어떤 아이들에게는 버겁고 재수없게 비칠 수도 있음을 알게 되면 아이의 강박은 다소 줄어든다. 익숙한 패턴이라 바꾸기 쉽지 않지만 친구 입장에서 자신의 말과 행동을 바라보게 된다.

부모의 강박이 아이의 강박으로

"아이가 강박 경향이 있고 예민한 편에 속해서 자신이 열심히 하지 않는다는 생각으로 스스로 채찍을 가하더라고요. 엄마에게 야단맞는 것, 사이가 안 좋은 것이 모두 자기 탓이라며 속상하대요. 6학년 때 사춘기가 오면서 엄마가 잔소리하는 것은 더 하기 싫고 짜증이 나면서 우울해진다고. 공부보다 힘든 건 엄마와 관계라며 힘들어했어요."

"저와 싸우는 대부분은 인터넷(핸드폰) 사용 시간인데 걱정이 많아요. 숙제를 안 하고 놀다가 바쁘게 숙제하는 모습을 보면, 저러면 안 되는데! 통제가 절실하다는 생각이 들어요. 잔소리를 들으면서 아이가 화를 참는 게 느껴져요."

"핸드폰이나 인터넷은 모든 부모님들과 아이들, 선생님들도 고민하는 부분이에요. 지난번에 어떤 아버님도 아이랑 자신이 싸우는 모든 원인은 인터넷이라며 하소연하셨어요. 힘드시다고요. 저도 많이 공감해요. 아이들의 문화가 그러니까, 제지하는 게 한계가 있고, 정답이 없어 더 어렵더라고요."

"저희도 힘들어요."

"맞아요. 아이는 엄마와 갈등이 있을 때 자기를 탓하지 않고, 엄마가 힘들지라도 대들거나 감정을 표현하고 의견을 내는 게 더 치료적일 수 있어요. 다른 하나는 인터넷 관련하여 친구와 멀어질까 봐 불안한 마음이 있어요. 아이들끼리 인스타그램 이야기를 하는데, 자신이 모르니까 소외감이 들고 뒤처지는 느낌이 들면서 속상했다고 하더라고요. 엄마의 생각은 적어도 중2는 돼야 할 수 있다고 했다면서."

"요즘 세상이 험하니까 휘말릴 수도 있고 피해를 줄 수도 있고, 여러모로 걱정돼요. 이것도 누나들이 좀 풀어주라고 해서 이 정도로 풀어준 거예요."

"누나들 의견도 중요하지만, 아이의 의견을 물으면 더 좋겠어요.

타협점을 찾는 거죠."

"지난 주말에 아이가 원하는 조건을 써서 약속했는데(엄마 의견이 많이 들어가긴 했음), 2일 지나니까 자유롭게 할 수 있다는 생각으로 흐트러진 모습을 보여서 어떻게 해야 하나? 다시 뭔가를 통제해야 하나? 생각하면서 어떻게 할지 막막했어요."

"부모들은 아이들을 볼 때 알아도 모른 척하는 경우가 많아요. 보면 울화통이 터지니까요. 아이의 일거수일투족을 감시할 수는 없잖아요."

"제가 아이에게 무심해지는 게 힘들어요. 바라볼 때와 끼어들 타이밍을 잡는 것도 어렵고요."

"당연히 그렇죠. 엄마와 아이의 성정이 비슷한 거 같아요. 예민하고 걱정이 많으시고."

"네. (눈물을 흘림)"

"어머니! 아이를 편안하게 바라보는 게 힘든 거 같아요. A에게만 그럴까요?"

"아니에요. 제 성격이 걱정이 많고 불안할 때가 많아요. 세상이 험하고 그러니까 걱정을 덜 하자 하면서도 그게 잘 안 돼서 계속 아이를 지켜보게 돼요."

"그럴 수도 있겠네요. 어머니가 계속 불안해하면 아이도 자신을 못 믿게 돼요. 믿어주지 않고 '거봐! 너 또 이렇잖아!' 이렇게 계속 예의 주시하면 아이가 힘들고 자신을 못 믿게 되죠! 특히 A처럼 자신을 탓하고 비난하는 애들은 더 그렇죠."

"잘 안 돼요. 무심해지는 거, 아이를 그대로 바라보는 거요."

"당연히 그러시죠. 어머니가 아이를 무심하게 바라보는 것이 아이를 포기하는 것은 아니에요. 시간이 필요하니까 지켜보는 거죠. 그게 쉽지는 않다고 모든 부모님이 말씀하세요. 아버지가 전면에 나서서 아이와 좀 더 관계를 맺어야 할 거 같아요."

아이와 대화를 할 때 아빠는 보통 엄마 편을 든다고 했다. 그러지 말고 아빠도 엄마에 대한 불만도 이야기하면 아이가 좋아할 거라고 했더니 웃으셨다.

"늘 철든 모습을 보여서 너무 어린데 저러면… 하는 생각이 들다가도 어떨 때 아이 같은 모습을 보여서 안도했어요. 중학생이 되면서 이제 너 애기 아니라는 말을 자주 했어요."

"어머니! 아직 애죠. 14살 중1이잖아요. (웃음)"

"(아빠) 제가 좀 더 아이와 시간을 가질게요."

"부모님이 애쓰시고 저희도 학교에서 최대한 도울게요. 상담하고 상담센터나 병원 등 기관 연계가 필요하면 연락드릴게요. 고생하셨어요."

아이의 강박이 안타까운 부모

엄마의 말로는 아이가 한번 하겠다고 마음먹은 것에 지나치게 집중하는 경향이 있다. 본인도 힘들어해서 학원을 좀 쉬자고 했는데도 학원을 빠질 수 없다고 고집하여 가족 여행도 취소한 적이 있다. 스스로 과제에 집착하고 수행평가에서 한 문제만 틀려도 매우 속상해한다. "혹시 엄마가 너무 관심 없는 것처럼 하니까, 칭찬받아 보려고 애쓰는 건 아닐까요?"라고 물었더니 웃으신다. 그러면서 가족이 칭찬에 좀 인색한 면이 있다고 한다.

"형은 영어만 다니는데, 형을 이해할 수 없다고 하면서 무시하는 경향이 있어요. 형은 본인의 편안함을 중요하게 생각하고 긴강하게 지내는 것에 만족해요. 5학년 때까지만 해도 형과 관계가 좋았는데, 요즘은 둘이 서로 얼굴만 쳐다봐도 싸우고 마주치기도 싫어해요."

아이는 자기 생활에 지나치게 철저하고 여유 없는 강박 경향이 있었다. 자신이 욕하고 대들고 나서는 자신이 너무 못된 짓을 해서 살 가치가 없다고 한다. 공부나 게임이 뜻대로 안 되면 '내가 이것밖에 안 되나!' 하는 극단적인 생각과 자기 비하가 심하다. 아무도 강요하지 않는데 경쟁심이 강한 면이 있다.

남자아이는 사춘기가 되면 엄마 혼자 감당하기 쉽지 않고 이해하기 어려운 면이 있다고 했더니 그런 면이 있다고 한다. 아빠가 좀 더 역할을 해주는 게 좋은데, 아빠는 무뚝뚝하고 옛날 사람이어서 아이들에게 사랑한다는 말도 잘 표현하지 못한다. 일이 있을 때 담임이 아빠에게 직접 전화하면 좋겠다고 요청하셔서 그러겠다고 했다. 지난 주말에는 아이가 공연을 보고, 어느 날은 친구와 놀다 밤늦게 들어왔다고 걱정해서 작은 일탈은 아이에게 도움이 된다고 했다. 너무 자신의 시간을 빡빡하게 계획하고 지키려다 보면 숨을 쉴 곳이 필요한데 일탈이 그 역할을 할 것이다. 아빠랑 산책이나 운동을 함께 하는데, 아이는 자신이 정한 운동 루틴을 완성할 때까지 오지 않는 반면 아빠는 좀 하다가 지쳐서 돌아온다. 이에 대한 아이의 불만도 있다.

"(아빠) 요즘 아이가 뭔가 떼를 쓰는 느낌이 들고 자신이 힘들다는 것을 알아주기를 바라는 거 같았어요."

"그럴 거예요. 너 혼자서 너무 그렇게 힘들어하지 말고, 부모님은 어른이니까 네가 힘든 걸 이야기하는 게 좋다고 제가 말한 적 있어요. 아이가 떼를 쓰거나 어리광을 부리는 것은 긍정적인 신호예요. 아이가 너무 애어른 같아서 조금은 유치해질 필요가 있죠. 떼를 쓰거나 하면 받아주세요."

아빠는 아이를 더 놀게 할 걸 하는 후회가 된다고 했다.

완벽주의적 성향 때문에 힘든 교사

교사들도 완벽주의적이고 강박적인 경향을 가진 분들이 많다.

교사 A – 완벽주의적 성향이 있어 아이들에 대한 기대치가 높아요. 아무리 봐도 잘하는 것이 없고, 부족한 부분만 보여요. 이런 아이들을 보면 참기 어렵고 답답하여 잔소리하고, 잘하는 아이한테도 다음엔 더 잘하면 좋겠다고 요구하게 돼요. 지켜야 할 규칙이나 예의, 책임감 등을 귀에 딱지가 앉을 정도로 반복해서 말해요. 잔소리인 줄 알지만 계속 하고 있어요. 이러다 보니 아무 말도 들리지 않는 중학생, 특히 중2 애들과는 아주 힘들어요. 아이들이 대들어

언성을 높이기도 해요. 괴롭죠!

교사 B - 나는 교사이므로 내가 완벽한 건 당연하고, 아이들에게도 알게 모르게 완벽을 요구하더라고요. 아이들이 나를 닮는다는 생각에 도덕적이고 예의 바르게 움직이면서 스스로 괴롭혀요. 물론 아이들에게도 그 점을 강조해요. 그래서 집중을 못 하고 산만한 아이들과 마찰을 빚고, 잔소리를 많이 하게 돼요. 그럼에도 교사는 화를 내면서 고함을 지르면 안 되기 때문에 최대한 좋게 말해요. 그래도 나아지지 않으면 그 아이가 진심 미워져요. 그럴 때는 '교사라는 직업이 나랑 안 맞나?' 고민해요.

교사 C - 완벽한 준비 없이는 불안해요. 수업을 준비하고 연습하느라 많은 시간을 보내고, 하나라도 완벽하지 않으면 수업 진행도 어려워요. 그렇게 준비했는데 한 명이라도 표정이 어둡거나 떨떠름하면 내 준비가 미흡하고 뭘 잘못한 것 같아 의기소침해져요. 수업할 때 예상에 없던 질문에 당황하여 멍해지고 횡설수설하게 돼요. 그러고 나면 다시 자책하고 후회하는 패턴이 이어져요.

교사 D - 완벽하게 일을 처리함으로써 칭찬을 종종 듣는데, 나는 힘들고 마음이 편하지 않아요. 실수할까 봐 점검에 점검을 계속하고 종일 신경 쓰여서 아무것도 못 할 때도 있어요. 누구보다 열심히 하면서도 행복하지 않고 불만족스러워요. 늘 긴장하고 타인의 반응에도 민감하니까요. 여러 번 반복 점검했음에도 어쩌다 실수하면 심하게 자책하게 돼요. 생각해 보면, 나는 '모든 일을 확실하게 처리하는 야무진 사람'으로, 사람들의 신뢰를 받고 싶은 마음이 강한 것 같아요. 가끔은 내가 한 실수를 본 타인이 '그래도 인간적인 면은 있네!' 하고 생각하길 바라죠.

강박 경향이 있는 교사에게는 다음과 같은 조언을 드리고 싶다.

먼저, 교사가 생각하는 당위(must) 요소를 찾아보자. 일테면 '학생은 ~~~ 해야 한다. 학부모는 ~~~ 해야 한다. 교사는 ~~~ 해야 한다.'와 같은 생각이 있을 것이다. 그렇다면 '교사는 학생을 차별하면 안 된다'를 '교사는 학생을 차별할 수도 있다'로, '학생은 공부해야 한다'를 '학생은 공부를 할 수도, 안 할 수도 있다'로 바꿔보자. '학부모는 교사를 믿어야 한다'를 '학부모는 교사를 믿을 수도 안 믿을 수도 있다.'로 바꿔보는 것이다. 교사가 유연하지 못하면 학생들을 이해하지 못한 채 틀 안에 가두게 되며, 경직된 틀을 가진 아이들의 사고를 더 강화할 수 있다. 또한 경계선이 넓고 확장 사고를 하는 아이들과는 맞지 않아 갈등을 일으켜 교사 역시 행복하지 않은 학교생활이 된다.

또 다른 방법은 자신이 가진 비합리적인 신념을 다른 말로 바꿔보는 것이다. '규칙은 반드시 지켜야 한다'를 '너희가 규칙을 지켰으면 좋겠다'로 말해 보자. '지금 이 순간 이 모습 그대도 충분히 잘하고 있다. 더할 나위 없이 완벽하다.'라고 스스로에게 말하자. 잘

해야 된다, 빈틈이 없어야 한다는 생각 없이 현재를 그대로 즐길 수 있는 활동을 해보자. 햇살 받으며 가만히 앉아 있기, 하늘 바라보기, 멍 때리기 등을 하며 자신을 그만 다그치고 있는 그대로 인정해 보자.

세상을 바라보는 경계가 좁을 때 무엇보다 힘든 사람은 교사 자신이다. 학생의 말과 행동, 학부모와 동료 교사의 반응과 태도 등을 좁은 시야에서 바라볼 때, 수용하기 힘든 바깥세상이 너무 넓으므로 불평불만이 많아지고 행복감이 줄어들 수밖에 없다. 반대로 교사의 경계가 넓을 때 학생과 학부모, 동료 교사와 관리자 관계가 편안해지며, 자신과 행복한 관계를 맺을 수 있다.

자신에게 화살을 쏘는 우울 경향 아이들

—

청소년은 우울한 증상이 여러 가지 문제 행동으로 나타나기도 한다. 우울하고 슬픈 기분을 느끼기도 하지만 짜증과 화를 많이 내고 반항하며 공격적인 행동을 한다. 학교에서 친구와 다투고, 다양한 문제 행동으로 사고를 친다. 내적인 갈등이나 좌절, 우울 등 정서적인 문제로 인해 문제 행동을 일으킬 때, 혹시 아이가 '가면을 쓴 우울증(masked depression)'이 아닌지 살펴보자. 실제로 학교에서 우울함과 문제 행동이 함께 나타나는 아이가 있다.

청소년 우울은 자아 존중감과 연관이 높다. 우울이 자주 일어나면 자기 의심과 자기 비하, 자기혐오가 강해진다. 자신을 가치 없는 존재로 여기면서 점점 자아 존중감이 낮아지고 매사 부정적인 생각으로 자신을 괴롭힌다. 이는 다시 우울감을 높이는 악순환의 과정을 겪는다.

우울한 아이들은 학업 문제나 학습의 어려움, 공격성, 폭력성, 사회적 위축 등 여러 가지 문제 행동을 드러낸다. 반대로 학교에서 움직이지 않거나 위축되어 친구 관계를 맺지 않고 혼자 보내는 시간이 많은 아이도 있다. 이 아이를 보면 매사에 의욕을 잃고 무기력해 보인다. 재미있는 일이 없는 것이다. 두 모습 다 학교 적응에 어려움이 있다. 두 가지 모습이 동시에 나타나는 경우가 있는데, 학교에서는 조용히 지내다가 방과 후 다른 곳에서 친구들과 어울려 사고를 치기도 한다.

학년이 높아질수록 우울한 아이들은 반사회적 행동이나 공격성, 폭력성을 보이는데, 이는 일상의 단조로움과 재미없음을 없애기 위한 자극적인 것을 찾기 때문이다. 이 아이들은 자신을 이해해 주는 사람이 없다고 느낀다. 반대로 학습이나 친구 관계의 어려움, 무기력함 등 학교생활 부적응으로 우울해지기도 한다. 계속되는 실패와 친구 갈등, 자신을 무가치하고 무능력하게 판단하는 학습 등은 아이를 우울하게 만든다. 이들은 주로 자해나 공격적인 행동을 한다.

우울을 문제 행동으로 푸는 아이

A는 친구, 특히 약한 애를 괴롭히는 일이 많고, 아이들과 어울려 사고를 쳐서 학교폭력이나 생활교육위원회 등이 자주 열렸다. 그럼에도 아이와 부모가 상담이나 치료, 프로그램을 거부하는 상황이었다. 아이는 행동 조절이 어려워 교실 문을 두드리거나 놀리는 등 친구들이 싫어하는 행동을 자주 했다. 패드립을 하거나 지나가는 친구에게 욕을 하는 등의 행동을 하여 학생뿐만 아니라 학부모의 원성이 자자했다.

"힘든 일이 있니?"

"다른 사람에게 피해를 끼쳐요."

"어떤 피해를 끼치니?"

"아이들한테 욕하는 거요."

"아무에게나 하진 않을 거고, 누구에게 하니?"

"만만하게 보이는 사람이요."

"만만한 사람은 어떤 사람이니?"

"체격이 비슷하거나 호구처럼 생긴 애요. 종종 있어요. 저는 장난으로 한 건데 장난으로 끝나지 않아요."

"장난하고 나서는 어떠니?"

"아무렇지도 않아요."

"장난으로 상대방 기분이 나쁜 건 알겠니?"

"어떤 사람은 아무렇지도 않아요. 그런 사람에겐 사과하고 싶은 마음이 없어요. 사과하고 싶은 마음이 있을 때도 있는데, 사과가 어려워요."

"그럼 너는 언제 잘못했다는 걸 알아차리니?"

"혼날 때요."

"야단맞을 땐 어떠니?"

"내가 뭘 잘못했지? 화가 나요. 기분이 나빠요."

"어릴 때부터 야단을 많이 맞았니?"

"어릴 때 야단을 많이 맞지 않았는데, 중학교 와서 많이 맞았어요. 매사가 귀찮고 공부가 하기 싫어요. 오늘 상담한 이야기는 담임 샘에게 안 했으면 좋겠어요."

"그럴게."

"2학년 때 친구가 놀려서 화가 났고 돌을 던졌는데 친구 눈에 맞았어요."

"너무 놀랐겠다!"

"속으론 통쾌했어요."

"그럴 수 있지. 돌을 던진 건 잘못한 행동이지만 통쾌할 수는 있지. 그 친구 눈은 어떻게 됐어?"

"잘 모르겠어요."

문장완성검사에서 자신은 게임할 때 제일 행복하고, 좋았던 일이나 걱정하는 것, 무서워하는 것과 화나게 하는 것, 슬프게 하는 것은 없다고 답했는데, 이야기를 나눌수록 아이가 우울하고 의기소침하다는 느낌을 받았다.

좋은 점은 친구를 잘 이해해 주는 것이지만 나쁜 점은 화가 날 때 욕을 많이 하는데, 그럴 땐 슬퍼진다고 했다. 때때로 '왜 살지?' 하는 생각을 한다고 했다. 주로 느끼는 기분은 우울인데, 사라지고 싶다, 우울하다, 버겁다, 지친다, 후회스럽다와 같은 감정이었다. 어떤 경우인지 물었더니, 모든 일이 거의 다 그렇다고 대답하면서 살기 싫다고 했다. 외롭다는 감정은 이제 친구와 싸워서라고 했다. 아이는 자신감이 없고 피곤해했다.

"저녁에 늦게까지 친구들과 돌아다니니?"

"아니요. 요즘에는 잠이 많이 와서 일찍 자요."

우울증(가면을 쓴)이 아닌가 의심스러웠는데, A가 치는 많은 사고와 문제 행동 역시 우울증의 다른 표현이 아닌지 하는 생각이 들었다.

가면을 쓴 우울증 아이의 부모 이야기

"아이와 상담을 했는데, 뭘 말하면 '엄마 아빠한테 이를 거죠?'라는 말을 되풀이하더라고요. 아이가 집에서는 어때요?"

"장난기가 많고 호기심도 많으며 일반적이지 않은 기발하고 독특한 생각을 많이 해요. 아이는 뒤로 미루고 아주 늦게 하는 경향이 있죠. 아빠는 강압적이고 저는 유연한 편이에요."

"엄마가 중간에서 힘드시겠네요."

"그런 부분도 있죠."

"아이가 보이는 독특한 생각, 호기심이 많은 것, 기발한 것은 ADHD의 특성으로 보여요. 그래서 치료를 받아야 한다는 것이 아

니라 에너지가 많고 기발한 생각을 자주 하는 아이들이 학교생활
은 힘들거든요."

"많은 것을 하고 싶어 해서, 이런저런 경험을 시키려고 하는데
잘 하지 않으려고 해요. 친구가 어디를 다닌다고 하여 가자고 하면
결국 안 가는 패턴을 보이죠. 몇 개월 전부터 과외를 하는데, 2시간
은 집중하는 모습을 보여요."

"오늘 상담을 하면서 좀 걱정되는 부분이 있었는데, 아이가 우울
해 보였어요. 살기 싫다, 우울하다, 사라지고 싶다 같은 말을 했고
모든 것이 힘들다고 했어요."

"아이가 계속 야단을 맞고 친구들과 갈등을 겪으면서 우울해진
거 같고 지난번에 저한테도 죽고 싶다는 말을 했어요. 대수롭지 않
게 넘겼는데."

"저도 어머니처럼 아이가 문제 행동을 하고 야단과 벌을 받으면
서 우울해졌을 거라고 생각하는데, 문득 아이가 우울증으로 인해
문제 행동이 나타나는 건 아닐까? 하는 생각이 들었어요. 청소년
아이들은 우울증이 가면을 쓰고 문제 행동으로 나타나는 경우가
있어요. 그래도 제 판단이 틀릴 수도 있으므로 병원에 가서 정확한
진단을 받아보는 게 좋겠어요."

"자꾸 문제가 생기니까 저희도 병원을 예약한 적이 있는데 갈
날이 되면 아이가 거부해서 못 갔어요."

"이번에는 아이를 설득해서 가는 것이 좋겠어요. 가족끼리 다양
한 활동을 하는 것도 좋을 거 같아요."

"아빠랑 여행도 다니고 이야기를 하는데, 아빠는 지켜야 할 것을 안 지키면 혼을 내요."

"에구구, 그러시면 안 되는데. 현재 아이는 ADHD의 충동성과 우울함을 동시에 갖고 있어서 걱정이 돼요. 치료가 필요해 보여요."

"두 요소가 함께 시로 나타나는 것으로 보여요. 제가 보기에도. 동생과 장난을 칠 때 그만둬야 할 때를 말해도 무시하고 계속하는 경우가 많아요."

"학교에서 친구들에게도 그런 모습을 보여요. 멈추면 좋을 건데, 타인에 대한 이해심이 조금 부족해서 시간이 지나서 멈추는 경향이 있어요. 이게 친구와의 갈등으로 나타나고요."

"그런 점 때문에 억울한 적도 있어요."

"그러셨을 거 같고, 속상했을 거 같아요."

학교와 부모님이 함께 아이의 성장을 지원하고 고민했으면 좋겠다고 말씀드렸다. 중2 남학생이 보이는 성적 호기심이 있다고 했더니 엄마는 마냥 어리다고 생각했는데 그런 관심이 있는 줄은 몰랐다고 하셨다.

우울한 아이들의 자살 생각

우울한 아이들은 자살 생각을 할 때가 있다. 전문적인 상담은 상담교사나 기관에서 하겠지만, 담임도 과정을 알아둘 필요는 있다.

중학교와 고등학교 정서행동특성검사는 AMPQ-Ⅲ로 자살 관련 문항이 있다. 이곳에 체크한 아이들은 우선 만나서 내용에 대해 구체적으로 묻는다. 대화할 때는 정서행동특성검사에 수록된 자살 면담 기록지를 활용한다.

- 죽고 싶다고 생각한 적이 있니?
- 자살을 할까 생각하고 있니?
- 최근(6개월간)에 어떻게 죽어야겠다고 계획을 세운 적이 있니?
- 최근 (6개월간) 이 계획을 실행해야겠다는 생각을 한 적이 있니?
- 혹시 죽어야겠다는 생각에, 어떤 행동을 해본 적이 있니?
- 무엇이 너를 그렇게 힘들게 만들고 죽고 싶게 하는지 말해 줄 수 있니?

위 질문으로 아이와 말하다 보면, 아이의 자살 생각을 파악할 수 있다. 보통 선생님들은 자살에 관해 직접 이야기해도 되냐고 질문한다. 두려워하지 말고 직접 물어보는 것이 좋다. 자살 생각의 원인을 드러내도록 도와야 한다. 그렇게 할 때 아이가 관계로 연결될 뿐만 아니라 자신의 걱정과 생각이 큰일이 아님을 알게 된다.

자살 문항에 답변한 아이들과 상담하면, 심리 정서적 문제가 있는 아이도 있고, 순간 스쳐 지나간 생각을 체크한 아이도 있다. 또 다른 아이들은 문항을 건성으로 읽고 체크하여 본인도 놀라서 상담실로 오기도 한다.

자살 생각으로 관심군이 된 학생들

학생 A – "죽고 싶다는 생각이 들어요. 가끔씩 그럴 때가 있어요.

학원 할당량이 너무 많아서 그랬어요."

"언제 그랬니?"

"4학년 때 코로나로 친구를 못 만나서 힘든데, 공부하라고 하니까 죽고 싶다는 생각을 자주 했어요."

"지금은 어떠니?"

"6학년 때부터 친구도 만나고 좋았어요. 요즘은 하지 않아요."

학생 B - "죽고 싶다는 생각이 들지 않는 건 현재예요. 구체적으로 계획을 세우고 시도한 건 초 5학년 때예요. 인생을 통틀어 가장 힘든 때였어요."

"무슨 일이 있었니?"

"수학이 안 풀리면서 많이 틀렸어요. 내가 왜 사는 걸까? 하는 생각이 들었어요. 친구한테 안 좋은 말도 들으면서 더 나빠졌어요. 사이좋은 형이랑도 다퉜어요. 그때 베란다 방충망을 열어볼까? 하는 생각을 하면서 손을 대고 있었어요."

"그랬구나! 그리고 어떻게 했니?"

"그러다가 그냥 멈췄어요."

"잘 참았네. 요즘은 어떠니?"

"지금은 가장 행복한 시기예요. 6학년 때부터 생각이 바뀌었거든요. 친구랑 사이가 좋아지고 수학도 잘 풀렸어요."

학생 C - "6학년 겨울방학 때 학원 성적 때문에 속상한데 부모님이 자꾸 공부 공부 하니까 반항심으로 죽고 싶은 마음이 들어서 옥상에 올라갈까? 하는 생각을 했어요."

"어떻게 했니?"

"그때 부모님이 위로해 주면서 풀어졌어요. 지금은 괜찮아요."

학생 D – "5~6학년 때 친구 관계로 힘들어서 죽고 싶다고 생각했어요. 체육 시간에 같이 할 친구가 없었거든요. 친구들과 함께 다니다가 혼자 남게 되고 따돌림 같은 것을 당한 것처럼 됐어요. 그 일 이후로 성격이 바뀌었어요. 친구를 많이 휘두르는 스타일이었는데 지금은 좀 아닌 거 같아요."

"요즘 친구 관계는 어떠니?"

"어렵지 않아요. 그때 '차라리 죽으면 나으려나?' 하는 생각을 했어요."

"힘든 시간을 잘 견뎠네. 대견하다."

자살 생각 면담에서 심리 정서 문제가 드러난 아이

학생 E – "죽고 싶다는 생각을 한 적이 있다고 표시했길래 힘든 일이 있나 해서 불렀어. 무슨 일이 있니?"

"걱정이 돼요. 미래가요. 2학년 중간고사부터 시험 성적이 좋아야 과학고에 갈 수 있으니까."

"과학고에 가고 싶은 이유가 있니?"

"의대에도 관심이 많고, 잘 될지 모르겠어요. 일반고에 가서 수

학을 열심히 하고 싶은 생각도 있어요. 무기력해져요. 공부 시간을
관리해야 하는데 미루게 되면서 엉켜요."

"요즘 가장 힘든 건 뭐니?"

"학원 시험요. 매일 숙제가 많아요. 핸드폰을 매일 3~4시간 정
도 하면서 숙제를 미루게 돼요. 차라리 엄마가 세 핸드폰을 갖고
가버렸으면 좋겠어요. 요즘은 죽고 싶다는 생각보다는 친구나 공
부 때문에 무기력해져요."

아이는 자살 생각으로 면담했지만, 심리 정서적 문제가 커보여
계속 상담하였다.

심리 정서적 문제와 자살 생각이 있는 학생과 학부모 이야기

학생 F - "5학년 때 시험을 많이 못봤어요. 부모님 사인을 받아
와야 하는데 아빠께 사인을 해달라고 오빠가 대신 말했어요. '힘들
어서 죽고 싶다!'는 생각을 했다고 하니까 아빠가 '그럼 그러지 그
랬어?'라고 했어요. 새로운 일을 하려 할 때 이게 생각나서 뭘 시작
하기가 힘들어요. 엄마와 아빠는 공부와 성적에 너무 집착하세요.
너희가 잘해야 힘든 일을 하지 않는다, 놀지 말고 공부해라. 부모님
이 혼내실 때 심한 말을 해요. 대꾸하면 부모님은 화가 나서 더 심
하게 말씀하세요. 특히 아빠가. 부모님이 싸우거나 학교 성적이 나
쁜 건 모두 저 때문인 거 같아요."

"공부를 못하는 건 잘못이 아니야. 공부는 못할 수 있는 거지. 엄
마와 아빠가 싸우는 건 두 분의 문제지 절대 너의 문제가 아니야."

"부모님이 싸운 뒤 갑자기 인강 들으라고 할 때 힘들고 죽고 싶다는 생각이 들었어요. 힘들어서 옥상에 올라가 볼까? 생각했고, 화장실 물을 받아놓고 숨을 참은 적도 있어요. 죽는 게 너무 무서워서 그만뒀어요."

"죽지 않은 건 잘했다."

부모님을 만나서 5학년 때 시험지 사인받는 일로 아이가 죽고 싶다는 생각을 했다고 하니까, '그럼 그러지 그랬어'라는 말씀을 했다고 하던데 어떠시냐고 물었다. 엄마는 솔직히 기억나지 않는다며, 아빠가 딸에게 세게 말하고 요구하는 것이 많다고 했다. 아빠도 본인이 생각하기에 딸에게 좀 심하게 말하는 것 같다고 했다. 그때 이후로 아이가 자살 생각을 하고, 평소에 손등을 긁는 등 자해를 하고 있었다고 하니 아빠는 많이 놀라셨다. 엄마는 5학년 때부터 학교에 갔기 때문에 아이의 심리적 어려움을 알고 있었다고 했다. "아빠는 아이를 생각하는 마음과 달리 말로 다 까먹고 계시다."고 했더니 웃으셨다. 엄마도 아빠에게 상처를 많이 받으실 것 같다고 했더니 눈물을 흘리셨다.

부모님의 싸움이 자기 잘못이라고 생각한다고 했더니, 엄마는 시댁 문제가 있어 자주 다투는데 그걸 아이가 자기 잘못이라 생각하는지는 몰랐다고 했다. 이 문제에 대해 가족이 모여 이야기를 나눌지, 아빠와 아이만 이야기를 나눌지는 가족이 결정할 일이지만, 어떤 형태로든 아빠가 아이에게 사과할 것을 제안했다. 어떻게 해야 하는지 막막하다고 하셔서 '마음이 편안하실 때 상담 샘이 이런 말씀을 하시더라. 너무 놀랐다. 넌 상처를 많이 받았는데 내가 기억하지 못하는 것도 미안했다.'라고 하시라고 말씀드렸다.

아빠는 5학년이 되면서 애교쟁이였던 아이가 거리를 두는 모습을 보고 조금 실망감을 느끼기도 했다. 그래서 더 무뚝뚝하게 아이에게 말이 나갔다. 아빠는 성장하는 딸이 조심스럽고 독립을 위해 거리두기를 한 건데, 아빠의 변화와 자살 생각이 비슷한 시기에 일어났다면 아이가 충격을 많이 받았을 것이라고 했더니 그럴 수도 있다고 수긍하셨다.

아이는 아빠가 자신에게 화를 많이 내는데, 왜 그렇게 화를 내는지 이해하지 못하고 무서워했다. 넌 성격이 문제라는 등 자신을 판단하는 말을 들으면서 스스로 비하하고 피해 의식이 생기면서 친구 관계도 어려움을 겪었다. 아이에게 어떻게 해야 할지 모르겠다고 하여, 어떤 상황이든 아이가 물어보면 대답해 주시고, 평소에 칭찬을 많이 하는 게 좋겠다고 했다. (아이 말로는 칭찬은 잘 하지 않고 조금만 더 노력하면 공부를 잘할 수 있다는 말을 자주 듣는다고 했다)

부모는 아이를 위해 노력하겠으며 변화가 없으면 다시 상담실로 오겠다고 하셨다. 오늘 당장 아이에게 사과해도 되냐고 물으시길래 급한 마음은 알겠으나 아이에게 이야기를 들을 준비가 됐는지 먼저 의견을 묻고 좋다고 하면 말씀하시라고 했다.

선생님의 잘못이 아니다

자살 생각을 하거나 자살 시도, 간혹 자살하는 선생님이 있다. 오죽했으면 그렇게 했을까? 정말 죽을 만큼 힘들었음이 이해되고 마음이 아프다. 한편으로 그렇게 힘든 선생님을 위해 나는 무엇을 했는가, 앞으로 이런 일이 일어나지 않도록 내가 할 일은 무엇일까를 고민하게 된다. 살아가면서 죽을 생각을 해보지 않은 사람은 거의 없을 것이다. 나 역시 개인적으로 삶이 너무 척박하여 앞이 보이지 않았을 때, 그랬었다. 그냥 끝내면 좋지 않을까? 하는 생각. 그렇게 힘든 그 시절을 잘 버티고 글을 쓰고 있다. 이 시간이 좋고 행복하며, 힘듦을 버티고 후배를 도울 방법을 고민하고 있는 지금의 나에게도 고맙다.

혹여, 글을 읽고 있는 지금 그런 생각이 든다면, 잠깐 생각을 멈추고 책을 끝까지 읽어보시길 바란다. 선생님처럼 힘들었던 많은 분들의 이야기와 제 이야기가 힘이 될 것이다. 살다 보니, 살아가는 것은 늘 힘들지만, 반드시 지나가는 속성이 있다. 아무도 내 편이나 나를 돕거나 위로할 사람이 없을 것 같지만, 누군가는 반드시 있다. 몰라서 못 돕는 것이다. 현재 학교의 동료 교사가 들어주지 않았다면 그분들의 문제이지 선생님의 문제가 아니다. 선생님을 공격하거나 말도 안 되는 트집을 잡는 학부모라면 더더욱 선생님 잘못이 아니다. 선생님이 죽고 싶은 이유가 학부모나 학생, 동료 교사나 가족 등 외부 요인 때문이라면 더욱 마음을 바꿔야 한다. 이보다 더 억울한 일은 없다. 선생님은 지금까지 잘해 오셨다. 단지 지금 힘들 뿐이다. 이 또한 지나가고 늘 그렇듯이 따스한 햇살이 선생님을 감쌀 것이다.

공상의 세계로 숨는
조현 경향 아이들
—

환시로 귀신, 몬스터 등을 보거나 환청으로 자신을 부르는 소리, 웅성거리는 소리 등을 듣는다고 하는 아이들이 있다. 교실에서 이런 말을 하는 아이가 있다면 말도 안 된다거나 비난하는 대응을 하지 말고, 자연스럽게 아이에게 "귀신을 본 적이 있니? 어떻게 생겼니? 말은 걸어봤니? 인사는 했어?" 등을 묻고 대화를 나누어보자. 소리를 들었다고 했을 때는 "어떤 소리가 들리니? 언제부터 그런 소리를 들었니? 누가 말하는 것 같아?"라고 묻는다. 보통은 자신을 욕하는 소리를 듣는다고 할 때가 많다. 구체적으로 질문하고, 어떤 대답을 하든 그냥 아무렇지 않게 들어주는 것이 좋다.

"화장실에서 귀신을 봤어요."

"그랬어? 귀신은 어떻게 생겼어?"

"자세히 보지는 못했어요."

"그랬구나! 혹시 말은 걸어봤니?"

"아니요."

"그럼, 다음에 만나면 귀신과 인사해 볼래? 안녕! 난 누구야. 넌 이름이 뭐니? 하고."

일주일 후, 아이를 만나 물었더니 그 뒤로 귀신은 보이지 않았다고 했다. 아이는 차가운 엄마로 인해 마음이 닫힌 초2 아이였다. 다행히 상담으로 나아지기는 했으나 부모에게는 병원 진료를 권했다.

게임이나 웹툰, 인터넷 소설 등에 심취한 아이 중에는 자신을 소설 속 주인공이나 작가와 동일시하기도 한다. 뛰어난 소설, 웹툰 등을 만들기도 하고, 기발한 창의력으로 멋진 그림을 탄생시키기도 한다. 공상을 그림이나 말로 표현하면서 친구들의 흥미를 유발하여 팬을 확보하기도 한다. 아이들이 좋아하는 인형, 강아지, 고양이로 재밌는 이야기를 만들거나 기발하고 창의적인 그림을 그려서 공유한다. 때로는 공상이 아닌 현실인 것처럼 말한다.

"시간 있을 땐 주로 뭐하니?"

"인터넷 소설을 써요."

"오호. 멋지네! 글을 올리면 사람들의 반응은 어때?"

"혼자 쓰고 아직 올리진 않아요."

"그래? 올려봐. 사람들의 호응이 생각보다 좋을 수도 있잖아! 기대 이하면 피드백 받아서 수정해서 올리면 되지 않을까?"

이 아이는 조현 경향이 많이 진행된 느낌을 받은 고2였는데, 치료를 꾸준히 받지는 않고 있었다. 아이가 쓴 글을 보았더니 굉장히 독특하고 인상적이었다. 그래서 글쓰기 대회 참여를 권했는데, 대회에서 대상을 받았다. 좀 오래전 만난 아이였는데, 글을 쓰면서 문득 생각이 났다.

이상심리학을 배울 때 책에 등장하는 모든 문제가 내 것 같다는 생각이 든 적이 있다. 어쩌면 일반인과 정신적인 문제를 가진 사람은 종이 한 장 차이일 수도 있다.

학교에서 힘든 것은 공격성과 폭력성이 나타나는 조현 경향 아이다. 수업 시간에 갑자기 친구에게 주먹을 휘두른다거나, 불쑥 소리를 지르면서 욕을 해서 친구들이 피해를 볼 때이다. 병원 치료를 받아야 하지만 부모가 거부하면 학교에서 할 수 있는 일은 위클래스로 분리하는 것이다.

"제가 책상 아래로 볼펜이 떨어져서 주우려고 고개를 숙였는데, 친구들이 저를 욕하는 거예요."

"그러면 기분 나쁘지. 그래서 어떻게 했니?"

"욕하는 소리를 듣고 기분이 나빠서 주먹으로 때렸어요."

"그랬구나. 누가 너에게 욕을 했는지 기억나니?"

"아니요. 옆에 있는 애들이 했으니까 들린 거잖아요. 그래서 쳤죠."

"무슨 욕을 했는지는 기억나니?"

"잘 기억나진 않는데 분명히 욕하는 소리였어요."

"그랬구나! 지금은 좀 어때?"

"물 마시고 앉아 있었더니 좀 괜찮아요."

"다행이네. 선생님 생각을 말할 건데, 들을 수 있니?"

"네."

"다음에 친구들이 너에게 욕하는 소리가 들리면, 옆 친구에게 물어보는 건 어때? 너 금방 나한테 무슨 말 했어? 이렇게."

"그러면 그 친구가 거짓말할 수도 있잖아요."

"그럴 수 있지. 하지만 주위에 다른 아이들도 있으니까 만약 큰 소리로 욕을 했다면 그 아이들도 듣지 않았을까?"

아이는 병원 진단과 치료가 시급한 중3이었는데, 부모의 치료 거부로 학교에서 할 수 있는 일이 없었다. 실제로 이 아이에게 욕을 한 아이는 없었고, 아이가 정신적으로 어렵다는 걸 알고 있어 친구들이 돕는 상황이었다. 그나마 이 사건을 계기로 병원을 가기 시작했다.

담임이 공상의 세계로 숨는 조현 경향을 발견하는 것은 수업 시간이다. 수업 도중 선생님이 질문을 하면 아이들은 꼭 정답이 아니더라도 일상적인 답을 한다. 그런데 이 아이들은 엉뚱한 말이나 뜬금없는 반응을 할 때가 있다. 그 순간 아이가 다른 나라에서 온 듯한 느낌이 든다. 어떤 아이가 자주 이런 모습을 보인다면 아이와 이야기 나눠보고 부모와 의논해 보는 것이 좋겠다.

내가 만난 조현 경향 아이 중 초등 아이들은 시작 단계라 그런지 상담과 부모의 개입, 병원 진료로 문제가 커지진 않았다. 어느 정도 진행된 중학생은 치료 시기를 놓쳐 안타깝지만, 부모가 적극적으로 치료에 참여하면 괜찮아진다. 많이 진행된 고등학생은 지속적인 치료가 필요했다. 대학 전공을 재능이 있는 그림이나 글쓰기, 웹툰 쪽으로 선택하는 아이들이 많았다.

이 아이들은 대체로 무감각한 면이 강하다. 또한 적절한 반응, 미소 등의 긍정적 정서 반응을 잘 하지 못한다. 심성이 여리고 착하면서도 인지 기능은 나쁘지 않은 편이다. 밖으로 자신의 분노와 억울함 등을 표현하지 못하고 내면의 공상 세계로 들어가는 경향이 있다. 원래 기질이 무감각할 수도 있지만, 내가 만난 아이들은 가정에서 서서히 무감각해지는 것처럼 보였다.

조현 경향이 발생하는 아이의 가정 요인을 살펴보면, 부부가 사이가 나쁘거나 애정이 없는 감정적 이혼 상태 등 건강하지 못한 부모를 가졌을 수 있다. 또한 부모가 심리 정서적으로 안정되지 못하거나 조현병을 앓고 있는 등 정신 병리적인 문제를 가졌을 때 생긴다. 부모가 아이를 따뜻하게 돌보지 못하거나 부모로부터 어린 시절에 분리되는 등 유대 관계 결핍으로 일어날 수도 있다. 조현 경향으로 보이는 아이와 상담한 후 부모를 만났을 때 가족이 화목하지 못한 경우가 많았다. 부모와 유대 관계가 어려웠는데, 특히 엄마가 어떤 이유로든 아이를 굉장히 차갑게 대했다. 엄마의 차가움이 아이의 마음을 서서히 차갑게 식게 만드는 건 아닐까 하는 생각을 한 적이 있다.

가족 의사소통 방법 중 가장 큰 문제는 이중구속(double bind)으로, 부모의 말과 행동이 일치하지 않는 것을 의미한다. 아이가 곁에 다가가서 이야기하면 귀찮다고 하면서, 가지 않으면 "넌 엄마를 싫어하니?"라는 말로 가까이 오지 않는 것에 대해 야단을 치는 것이 그 예이다.

건강하지 못한 부모의 도움을 끌어내기 힘들 때라도 이 아이를 돌볼 누군가는 필요하다. 아이가 긍정적으로 관계 맺거나 낙천적으로 생각하도록 돕는 것, 건강하고 합리적인 의사소통을 경험하는 것은 도움이 된다. 자신이 처한 가정의 문제나 부모의 정신적인 어려움을 아이가 이겨내도록 내공을 키워주면 좋다. 이 역할을 교사가 할 수 있다. 좋은 내사 대상자, 좋은 관계를 맺는 사람을 만남으로써 아이의 무감각함이 돌아올 수도 있다. 또한 교사는 아이에게 따뜻하고 지지적이며 비난하지 않을 수 있다. 쉽지 않은 아이임은 분명하지만, 좀 더 건강한 우리가 아이의 버팀목이 되어주어야 한다. 물론, 교사가 견딜 수 있을 만큼 해야 한다. 아이를 도와줄 수 있는 담임과 상담교사뿐만 아니라 외부 자원도 중요하다. 청소년상담복지센터나 정신건강복지센터 등 전문가와 협업하는 것이 아이 지원에 효과적이다.

조현 경향을 가진 아이 부모와의 상담

B를 검사와 상담으로 만났으며, 어떻게 해야 할지 정확한 판단을 하고 아이를 도울 방법을 함께 찾아보기 위해 부모를 모셨다.

"(엄마) 중 1학년 때 귀신이 보인다고 해서 조현병 약을 먹다가 지금은 중단했어요. 외부에서 상담받을 때 가족 이야기를 안 해서 멈췄어요."

"그러셨군요. 아이 감정이 둔한 면이 있어 깊은 상담이 어려웠을 수도 있을 것 같아요."

"(아빠) 아이가 우리가 살고 있는 세상은 메타포가 조정하고 있다, 귀신이 있다 같은 말을 반복하니까 힘들어요. 말도 안 되는 소리를 하니까 어떻게 해야 할지 모르겠어요."

"제 생각엔 그런 이야기할 때 기가 막히겠지만, 아이가 지각한 세상이니까 귀신은 어떻게 생겼냐? 이름은 뭐냐? 다음번에 귀신을 만나면 나한테 소개해 달라고 말해 보세요."

"(엄마) 아빠랑 시간을 많이 보내도 될까요? 체험학습 같은."

"좋죠. 당연히. 같이 여행 다니면서 아이랑 게임도 하고 너튜브도 보면 너무 좋은 시간이죠."

"(엄마) 아이가 혼잣말인지 뭔지 모르겠는데 큰 소리로 자기 방에서 욕을 해요. 저한테 하는 것 같아서 속상하고 상처받아요."

"아이가 어머니에게 분노가 있어서 그럴 수도 있고, 혼자 욕을 내뱉는 것일 수도 있을 것 같아요. 힘드시겠어요."

"(엄마) 어떻게 해야 할지 모르겠어요. 제가 너무 지나치게 해서 아이가 나를 싫어하는 거 같기도 하고. 왔다 갔다 해요. 기분이 좋았다가 화를 냈다가."

"기분이 좋을 때 이전에 어머니가 했던 미안한 일이 있으면 사과하는 게 어떨까 싶어요. 이야기를 종합해 보면 제 생각엔 아이가 복합적으로 어려워 보여요. 병원에서 종합 심리검사를 받아보는 게 어떨까 싶어요."

"(엄마) 병원에 전화했는데 예약이 찼다고 그러더라고요."

"심리적으로 힘든 아이들이 많아서. 그래도 작은 병원은 예약하기 좀 수월해요."

마음이 멍든 아이들
치료하기
—

청소년 아이들의 지나친 강박과 우울, 조현 경향은 반드시 병원에서 정확한 진단과 치료를 받을 필요가 있다. 학부모 상담 시 빠른 치료와 조치가 아이의 문제 해결에 특효약임을 강조하고, 거부하는 학부모를 설득해야 한다. 이때 담임과 상담교사, 관리자 등이 모두 함께 적극 나서야 한다. 만약 할 수 있는 최선을 다해도 설득에 한계가 있다면 학교에서는 부모와 부정적인 환경의 영향을 최대한 받지 않도록 아이가 버틸 수 있는 힘을 키워줘야 한다.

쉽지 않겠지만, 교실에서 드러나는 문제 행동에 초점을 맞추기보다는 아이의 마음을 먼저 헤아리면서 공감하고 지지해 주어야 한다. 아이가 지각하는 세계가 어떤 모습이든 그것을 현실(사실)로 받아들이고 이야기를 들어주며 현실 접촉을 돕고 분노 표출의 기회를 주는 것이다. 거부하고 막무가내인 부모에 대한 미움과 좌절

이 생기더라도 정신적인 어려움이 있는 아이는 포기하지 않기를
바란다.

생각
나누기   상담과 치료를 거부하는 학부모

정서행동특성검사 결과 자살 생각이나 시도, 자해
등의 문제가 나왔을 때, 1차 면담을 거친 후 상담이나 정확한 검사
때로는 병원 진단이 필요한 아이가 있다. 결과는 담임이나 상담교
사가 부모에게 연락한다. 이때 부모가 담임과 상담교사와 면담한
후 상담이나 치료에 들어가면 대부분은 문제가 해결되고 건강한
학교생활을 할 수 있다. 난감한 것은 아이의 정신적인 문제를 부모
가 거부하는 것이다.

상담이나 치료는 아이의 심리 정서적인 문제가 지금은 미약한
수준이지만 심각해질 우려가 있어 진행하는 예방의 목적도 있다.
이때 부모의 거부로 학교에서 할 수 있는 일이 없어지면, 점점 정
신적으로 피폐해지는 그 아이의 모습을 바라만 봐야 한다. 속상하
다. 그때 요청했던 상담을 받았더라면, 제안한 캠프나 프로그램에
참여했더라면 하는 아쉬움이 남는다. 안타깝지만 어쩌랴. 상담교사
초기에는 기가 막혀서 화가 많이 났는데 점차 받아들이게 되었다.

다른 어려움은 상담교사와 학교를 믿지 못하는 것이다. 빠른 대
처와 치료가 필요한 상황임을 말씀드리는데도 당신이 생각하는 기
관과 사람을 기다린다. 당신이 생각하기에는 상담교사의 전문성이

부족해 보이지만, 현장에서 아이들을 만나본 경험치가 자녀 상담
에 훨씬 더 중요하다는 점을 놓치는 것이다.

Part 6

학부모 상담

학부모 상담에 대한
교사의 마음

—

교사를 행복하게 또는 편안하게 하는 학부모는 어떤 모습일까? 이 질문이 무색할 만큼 교사를 행복하게 하는 학부모는 드물다. 자녀의 문제 행동으로 부정적인 말과 행동을 하는 사람은 교사 앞에 자주 나타나지만, 편안함을 주는 분들은 자녀도 문제가 없어서 교사를 만나러 올 일이 적다. 1년 동안 자녀를 돌봐준 담임에게 고맙다고 인사하는 학부모가 거의 없을 정도로 삭막한 현실이 슬프다.

그렇다면 교사를 난감하게 또는 불편하게 하는 학부모는 어떤 모습일까? 이 질문을 하는 순간 많은 대답이 나온다. "자녀 문제를 인정하지 않는 학부모요, 교사의 전문성을 무시하는 학부모요, 어리다고 만만하게 보는 학부모요, 간 보는 학부모요, 자기 말만 하는 학부모요, 아이 문제를 교사에게 뒤집어씌우는 학부모요, 아이의 문제를 학부모 싸움으로 키우는 학부모요." 등 나열하기 힘들 정도다. 그럼에도 우리는 학부모 상담을 해야 한다. 모든 학부모가 거부적이지 않을 뿐만 아니라 아이의 발달 과정에서 중요한 것은 학부모여서다. 말로 표현하기 싫을 정도의 학부모는 열외로 하더라도, 교사가 학부모 상담을 꺼릴 때 더 큰 어려움이 생길 수 있다.

학기 초, 학부모 상담이 있을 때 많은 선생님은 부담스러워하고, 20분 정도의 시간 동안 무슨 말을 할지 몰라 걱정하고 막막해한다. 우리가 이 상황을 조금만 차분하고 여유롭게 바라보면, 답을 금방 찾을 수 있다. 학년 초 상담 주간에 담임을 찾아오는 이유는 뭘까? 내 아이의 단점을 고쳐달라는 말을 하려고? 당연히 아니다. 그보다는 내 아이를 잘 부탁하고 싶은 마음과 담임이 어떤 사람인지 궁금한 것이 더 크다. 바꿔 말하면 교사의 말을 듣는 것보다 당신의 말을 하고 싶어 오는 것이다. 그렇다면 우리는 그 이야기를 들으면 된다. 사실 한 달 남짓 동안 그 아이에 대해 우리가 알면 얼마나 알겠는가? 부모에게 물어보고 앞으로 어떻게 하면 좋을지 의논하는 것이 맞다. "아이는 어떤 성격이에요? 어떤 장점이 있나요? 집에서는 어때요? 어떤 아이로 키우고 싶으신가요?" 등등. 바쁜 와중에 발견한 그 아이의 장점이 있다면 한두 개 말해 주면 좋겠다.

야무지고 똑똑한 한 선생님이 계셨다. 학년 초 학부모를 처음 만났을 때, 아이의 단점이나 고칠 점에 대해 말하지 않는 게 좋다고 했다.

"저는 진짜 고칠 점을 말했어요. 열심히 적어 둔 게 있었거든요. 자꾸 말해 보라고 하길래…. 그 뒤 그 엄마는 학교에 오지 않았어요. 그땐 이유를 몰랐어요."

엄마가 아이의 고칠 점을 말해 주면 최선을 다하겠다고 해서 선생님은 진심으로 고칠 점을 말해 준 것뿐이다. 속된 말로 말려든 것이다. "우리 아이를 얼마나 봤다고 그런 말을 해? 기가 차서!" 하는 이 엄마의 속마음은 다른 엄마를 통해 학년 말에 선생님에게 전달되었다. 학기 초 학부모 상담에서 이 같은 상황이 펼쳐진다면 "어떤 점을 고치고 싶으세요?"라고 되묻거나 "아직 단점으로 보이는 건 찾지 못했어요. 이런 좋은 점은 있었어요."라고 말하는 게 좋지 않을까? 사실 우리는 얼마 보지 않아 실제로도 그 아이를 잘 모른다.

"선생님! 결혼 안 하셨죠?" 하는 단골 질문도 있다. 질문을 받는 순간 당황스러움과 무례함 때문에 기분이 나빠진다. 결혼하지 않은 것이 이 순간 약점이 되는 것 같은 황당함도 느낀다. 요즘은 개인적인 이야기를 많이 하지 않는 분위기라 다소 줄어들긴 했지만, 어려 보이는 저경력 교사에게는 여전히 학부모의 단골 질문이다. 이 질문이 교사의 기분을 상하게 하고 '어리다고 날 무시하나?'라는 오해를 불러일으킨다는 걸 대부분 학부모는 모른다. 기선을 제압하거나 어린 교사를 무시해서 묻는 부모도 있지만, 그냥 습관적으로 하는 말일 수 있다. '결혼도 하지 않은 선생님이 아이를 키우는 부모의 마음을 알까요?' 하는 신뢰하기 어려운 마음일 수도 있다. 그건 우리나라 사회에서 일정 부분 사실인 측면이 있다. 어디를 보나, 젊어서 결혼하지 않은 것 같으면 "네! 어머니. 그렇게 보이죠! 저 안 했어요, 결혼. 그게 제가 아이 담임하는 거와 어떤 연관이 있을까요? 결혼 안 한 제가 어떤 점을 신경 쓰면 좀 더 멋진 담임이 될 수 있을까요?"라고 담담하게 묻고, 대답을 들으면 된다. 그러나 이 말을 듣는 순간 선생님은 기분이 상해서 말을 편안하게 하기 어렵다. 결혼하지 않거나 아이가 없는 게 문제도 아니고, 안 묻는 게 제일 좋겠지만, 묻는다 해도 단지 그 학부모가 궁금해서 그러는 것이니 너무 기분 나빠하지 마시길 바란다. 부모가 아니라도 우리는 교육 전문가인 교사로서 우리 반 아이를 잘 가르치고 성장시킬 수 있음을 기억하자.

경력이 많은 교사는 내 아이와 세대 차이가 나서, 아이가 싫어해서, 늙어 보여서 등등의 이유로 싫어한다. 그 선생님의 오래된 교육 노하우와 아이를 다루는 기술은 무시당한다. 이때 교사인 우리가 할 수 있는 것은 담임으로서 최선을 다하는 것이다. 이리저리 휘둘리면 멘탈이 가출하고 싶어질 것이니, 조금은 여유롭게 자신을 다독일 필요가 있다.

집에서 내 아이,
학교에서 그 아이

—

집에서 내 아이는 딸이나 아들, 첫째나 둘째, 막내의 역할을 하고, 부모의 특성에 따라 이에 부합하는 각기 다른 모습을 보인다. 권위적인 부모 밑에서는 예의 지키는 바른 모습을 보이고, 장난을 많이 치는 즐거운 가정이라면 밝고 행복한 말과 행동을 자주 할 것이다. 가족 간 소통이 잘 되고 유쾌한 분위기라면 밝은 모습을 자주 보일 것이고 자신의 의견을 표현하기 어렵거나 우울한 분위기라면 아이는 의기소침하거나 위축될 수 있다. 집안 분위기와 부모의 모습에 따라 그에 맞는 행동을 한다.

아이가 학교에 왔을 때 집에서와 똑같은 모습을 보일 수도 있지만, 학교에는 부모와 다른 교사가 있고, 친구들이 함께 있으므로 집에서와는 다른 모습을 보인다. 아이들은 선생님에게 적응하여 잘 지내기 위해 담임을 탐색한다. 담임이 부모보다 유하면(아이들 말대로 착하면) 친근하게 다가간다. 권위적이거나 강한 부모 밑에서 자란 아이들은 편안함이 지나칠 수도 있다. 부드러운 심성을 가진 부모와 함께 자란 아이들은 익숙하게 선생님을 대할 수 있다. 이 아이들은 엄격한 선생님 앞에선 지나치게 긴장할 가능성도 있다.

집과 학교를 비교했을 때 부모가 더 엄격하고 집이 힘들수록 아이들은 학교에서 숨을 쉬고, 어떤 면에서 스스로 통제가 어려운 말과 행동을 한다. 담임교사가 더 무서우면 집에서 숨을 쉰다. 집과 학교 분위기, 부모와 선생님의 스타일 차이가 클수록 두 곳에서 아이의 행동 차는 크게 나타난다. 가끔 엄마를 싫어하는 아이가 엄마를 닮은 담임을 무의식적으로 꺼리기도 한다. 아빠 스타일을 좋아하는 아이가 아빠를 닮은 교사를 좋아하는 경우도 있다.

학부모의 1/1, 교사의 1/N

우리 반 아이 한 명은 학부모에게 1분의 1이다. 설령 집에서 아이를 그렇게 대접하지 않는다고 할지라도 학교에서는 내 아이가 교사의 100이 되기를 바란다. 어쩌면 집에서 아이를 온전히 존중하지 않는 부모가 학교에 와서 더 강하게 내게 너무나 소중한 아이임을 강조할지도 모른다. 반면, 교사에게 우리 반 아이 한 명은 N분의 1이다. 출발부터 학부모의 1분의 1과 게임이 되지 않는다. 전체가 작으면 작을수록 100에 가까워지지만, 우리나라 학교에선 불가능한 목표다. 학부모의 희망인 1분의 1과 교사의 N분의 1은 한 아이를 바라보는 관점과 대응, 관심이 다름을 의미한다. 이로 인해 많은 오해와 서운함, 갈등이 생긴다.

간혹 교사에게 아픈 손가락인 블랙홀이 있다. 이때 많은 선생님은 N분의 N인 그 아이 때문에 돌보지 못한 다른 아이들에게 미안함과 죄책감을 느낀다.

부모가 모르는 내 아이, 교사가 모르는 그 아이

부모들이 범하는 실수 중 하나는 '내 아이는 내가 다 안다'는 착각이다. 초등 저학년 정도까진 이 말이 맞을 가능성이 높다. 고학년이 되면 빠른 사춘기가 시작되며 비밀이 생긴다. 부모가 자신을 어린아이 취급하거나 말문을 막는 대화를 할 때 더 이상 아이들은 생각을 말하지 않는다. 부모와 다른 세대를 사는 자녀가 접하는 문화와 세계관, 트렌드를 이해하긴 역부족이다. 한마디로, 부모는 자녀를 잘 모른다. 학부모 상담을 할 때 자주 하는 말 중 하나는 "제가 내 아이를 잘 몰랐네요. 이제 확신이 안 서네요. 우리 애가 어떤 아이인지."이다.

교사들 또한 우리 반 아이가 교실이나 학교에서 보이는 모습을 집에서 할 거라고 판단한다. 반은 맞고, 반은 틀리다. 교사도 학교에서 아이가 보이는 말과 행동만으로 아이를 판단하는 오류를 범하는 것이다. 특히 문제 행동을 하는 아이의 본모습은 잘 모를 수 있다. 아이가 학교에서 드러내는 폭력적인 말이나 행동을 집에서도 할 수 있지만, 이러한 행동이 허용되지 않는 환경이거나 무서운 부모라면 집에선 얌전할 수 있다. 자신의 힘이 약할수록 학교에서 친구들과 함께 터트릴 수 있다. 부모의 폭력성 때문에 주눅이 든 아이라면 학교에서 공격적인 말과 행동을 할 가능성이 높다. 집이든 학교든 어느 곳에서는 아이도 숨을 쉬어야 하니까. 부모님이 폭력적이라면, 자신의 힘이 강해지기 전까지 집에선 순종적이다. 그러나 학교에서 전쟁, 집에서 평화인 초등학생도 중학생이 되면 양쪽에 전쟁을 선포한다. 그러니 초등 선생님들! 너무 억울해하지 마시라.

학부모가 학창 시절 만난 교사

우리 반 아이의 부모 역시 초·중·고등학교에서 많은 선생님을 만났다. 12명의 담임과 교과 선생님에 대한 기억 중 좋은 것만 있으면 좋으련만 부정적인 경험도 많다. 부정적인 기억은 꼭 오래 남는다! 그때 학생으로서 느꼈던 서운함과 분노, 억울함은 내 아이의 담임에게 투사된다. 자녀의 문제 행동으로 담임과 이야기를 나눌 때 내 아이에 대한 방어와 함께 이전에 만난 선생님에 대한 부정적인 마음까지 합쳐져 드러낸다. 본인이 학생 때 문제를 일으켜 야단맞은 일이 많은 부모일수록 그런 경향이 있다. 물론 모든 부모가 그런 건 아니다. 현재 당신이 처한 환경이 나쁠수록 자녀에 대한 미안함까지 더해져 좀 더 공격적일 수 있다. 학창 시절에 교사와 긍정적인 경험을 많이 한 학부모를 만나면, 교사에게 더 호의적이고 솔직하게 자녀 문제를 의논한다.

문득, '선생님이 만난 학창 시절 교사는 어떤 모습이었어요?'라고 묻고 싶어졌다. 어떤 분을 닮고 싶어서 선생님을 직업으로 선택한 분도 있고, 저렇게 되지 말아야지! 하는 마음으로 그 선생님을 닮지 않기 위해 반대로 아이들을 대하는 선생님도 있다. 덧붙여, 선생님의 부모님은 어떤 학부모였을까? 담임의 얼굴도 모른 채 묵묵히 지지하는 분이거나 일 년에 한두 번 정도 선생님을 만난 분이었을 수 있다. 많은 활동을 하면서 학교에 자주 오는 분이었을 수도 있고, 학부모로서 내 부모님은 담임 입장에서 어떠셨을까?

교사가 놓치기 쉬운
아이와 부모의 관계

—

아이들은 부모가 자신을 돌보는, 먹이고 입히고 재워주는 역할을 하는 것에 대한 고마움과 사랑이 있다. 애정으로 돌보지 않는 부모라고 할지라도 아이들은 자신의 생계를 책임지는 부모에게 의존할 수밖에 없다. 이런 마음 한편으로 모든 부모가 완벽하지 않기 때문에, 아이들은 자라면서 불만족스러움과 분노 등을 느낀다. 당연한 이 감정을 자연스럽게 가족에게 말할 수 있으면 좋지만, 아직도 가정에서 대화는 많지 않다. 아이들은 자신의 부정적인 감정을 모른 척하거나 실제로 잘 모른다. 사춘기가 되면서 어느 순간 그 감정이 통제되지 않고 내면 갈등과 함께 터진다.

부모가 꿈꾸는 이상적인 자녀와 아이의 현실

학부모 상담을 할 때 내가 가장 놀라는 것은 소위 MZ 엄마도 자신이 이루지 못한 꿈을 자녀가 해주기를 바라는 마음이 강하다는 점이다. 공부를 하지 않아 경제적 자유를 누리지 못하는 엄마는 자녀가 공부를 잘해서 전문직이 되기를 희망하고, 불확실한 전공으로 직업이 안정적이지 못한 분은 안정적인 전공을 선택하길 바란다. 아이의 적성, 취향 따윈 중요하지 않다. 그 속에 늘 존재하는 희망은 학교 성적이 좋은 것이다.

부모의 꿈을 자녀가 대신 이뤄주기를 바라는 마음을 탓할 생각도 없고 잘못도 아니다. 문제는 그것을 강요하는 데 있다. 아이가 의사가 적성에 맞고 암기를 잘한다면 의대에 가면 된다. 그런데 부모 자신의 삶을 돌이켜 보았을 때 공부는 어릴 때부터 해야 한다는 생각이 확고하면 어떤 것도 고려하지 않고 밀어붙인다. 보통 초등학생은 이러한 부모의 욕구와 꿈을 따르고 그것이 최선인 줄 안다. 갈등이 심각해지는 것은 중학교이며, 학군이란 이름으로 친구가 없는 학교로 보내면서 아이의 인생을 망가뜨리는 부모도 있다.

학군이 좋아서 특목고를 많이 가거나 좋은 대학을 많이 갔다고 소문난 학교로 자녀를 보내는 것은 철저하게 개인의 선택이다. 이때 가장 중요한 개인, 아이의 선택을 무시하면서 일이 커진다. 그 학교가 아무리 좋아도 전교생이 특목고나 흔히 말하는 좋은 대학을 갈 수는 없다. 내 자녀가 자존감이 낮아지면서까지 받침돌을 형성해 줄 이유가 있을까? 이런 말씀을 드리면 "얘가 공부를 안 해서 그렇지. 하면 잘할 아이예요."라고 한다. 그 말은 맞다. 사실이다. 그런데 이때 놓치는 게 있다. 공부를 안 하는 것도 그 아이의 특성이라는 점이다. 내 아이가 문제 행동을 했을 때 많은 부모가 "친구를 잘못 만나서 이렇게 됐어요. 원래 그런 아이가 아니거든요."라고 한다. 그 친구를 고르고 좋아한 건 내 자녀라는 점을 잊는다. 내 아이의 문제다. 아이의 생각을 무시한 채 부모의 욕심만으로 직진하면 결국 전쟁이 시작된다.

"엄마가 수업 빠지는 거에 예민하신 이유가 있니?"

"성적에 영향을 줄까 봐서요. 남들 눈에는 착하고 말 잘 듣고 그래요. 나 스스로도 그렇게 생각해요. 덕분에 교우 관계도 좋고 그러니까요."

"그럴 수 있지. 그런데 이번에는 무엇 때문에 그랬어?"

"호기심이 생겼어요. 이번 일에 대해 엄마는 부정적으로 생각하는데, 아빠가 설득했어요."

"혹시 네가 지금까지 사각 상자 안에 갇혀 있다가 바깥이 궁금해서 삐죽 나온 게 아닌가 싶어서 걱정은 좀 되네. 늘 사각 상자에 갇혀 있을 순 없거든. 엄마는 공부를 언제부터 이렇게 강조했니?"

"초4 때부터 빡빡해졌어요. 5학년 땐 하루에 학원 3~4개를 다니면서 너무 힘들었어요. 그때 제가 힘들다고 엄마와 싸우니까 교육관이 다른 아빠와 엄마가 다시 싸우는 거예요. 지금도 사이가 별로 좋지 않아요."

"아빠가 그래도 좀 유연해서 다행이네."

"그렇긴 한데 요즘은 제가 엄마와 싸우고 나면 아빠가 야단을 쳐요. 엄마에게 대든다고요. 싸움이 격해져서 제가 화가 나려고 하면 엄마가 절 무시하거나 제가 이성적으로 하려고 노력해요. 최근에 영어는 혼자서 할 수 있다고 끊었어요. 그거 끊는데, 몇 년 걸렸어요. 계속 설득하느라고요."

"힘들었겠다."

"주말에도 밖에 나가지 못하게 해요. 학원 숙제나 공부가 끝나면 나가라고 해요. 그리고 7시 이후에는 나가지 못하게 해요. 위험하다고요."

"답답하겠네."

"뭔가를 하지 않으면 용돈과 핸드폰을 끊겠다고 해요."

"엄마가 성적을 그렇게 강조하는 이유가 있니?"

"엄마의 경험을 빗대어서 좀 더 나은 삶을 살려면 공부하라고요. 분명히 공부하지 않으면 후회할 거라고요. 제 인생을 살게 해주세요! 라고 해도 엄마 뜻대로 하지 않으면 못 견디세요. 공부가 귀찮고 엄마에게 반항하고 싶은 마음이 강해서 더 안 해요. 엄마가 스트레스 줬으니까 나도 줄 거다. 공부 안 할 거다. 그래도 공부는 해야 하니까 엄마 보는 데선 안 하고, 안 보는 데서는 해요."

"학교는 어때?"

"너무 재밌어요. 수업도 재밌고 친구들과 대화도 재미있어요."

"내가 보기에 너는 지금 조금 우울해 보이고 처져 있는 거 같아. 어때?"

"그런 거 같아요. 잘 웃지도 않고."

"원래 성격은 어떠니?"

"밝아요."

"파워도 있어 보여."

"맞아요. 애들이 그래요. 친한 애들이 저를 신뢰하고요. 제가 알아서 한다고 해도 엄마는 안 믿어요. 제 인생을 사는 건데 엄마 뜻대로 하려고 하세요. 싸우다 할 말이 없으면 엄마라는 지위를 이용하거나 아빠한테 일러서 야단치게 만들어요."

학부모에게 "포도와 사과를 떠올려 보세요"라고 하면 두 과일의 차이를 선명하게 구별한다. 어떤 누구도 포도에게 "넌 왜 사과처럼 크고 단단하지 않아?"라고 말하지 않는다. 그런 마음이 들면 사과를 사 먹으면 된다. 또한 사과 과수원에서 "넌 포도처럼 알맹이가 모여 있지 않네! 한 송이에 같이 모여 있지 그래?"라고 불평하지 않는다. 모든 부모는 포도와 사과의 장단점을 선명하게 받아들인다. 이 현명함이 자녀를 보는 시각에서는 흐려져서 내 아이를 포도나 사과로 인정하지 못한다. 어쩌면 인정하고 싶지 않은 건지도 모른다.

내 아이가 차분하고 조용하며 혼자 있는 걸 즐기는 사과라고 하자! 이 아이는 혼자 생각하고 깊이 있는 공부를 좋아할 수 있다. 그런데 이 아이에게 끊임없이 말한다. "친구들과 잘 어울리면 좋겠는데, 무슨 재미로 넌 혼자 있니? 친구가 없니?" 사과인 아이에게 포도의 모습이 왜 없냐며 끊임없이 말한다. 선생님에게도 말한다. 사회성이 부족하다고. 계속 들으면 무슨 가스라이팅도 아니고 포도가 아닌 사과인 자신이 이상하다고 여기게 된다.

반대는 어떨까? 친구들과 운동하고 쇼핑가는 거 좋아하는 포도에게 "넌 사과처럼 차분하게 공부 좀 하면 안 되니? 몰려다니면서 노니까 성적이 그 모양이지!" 한다. 포도 역시 자신이 사과가 아닌 것에 대해 속상하고 자존감 떨어진다. 부모의 과도한, 그것도 불가능한 요구로 초·중·고등학교를 보낸 아이들은 포도인 자신의 모습이나, 사과인 자신의 모습에 만족하지 않고 상대방을 쳐다본다.

자신이 뭘 좋아하고 잘하는지 모르고 갈등하는 것은 대학으로 이어진다. 늘 비교당한 아이들은 끊임없이 자신이 타인보다 뭐라도 나아야 한다. 남에게 보여주기 위해 SNS에 화려한 사진을 올리는 것도 그런 마음이 숨어 있어 그런 건 아닐까? 내 아이가 사과라면 제일 멋지고 질 좋은 사과로 성숙시키는 것이 현명한 부모의 모습이라는 생각이 든다.

부모 마음에 드는 아이, 부모 마음에 들지 않는 아이

일반적인 학부모 상담에서 간혹 엄마가 마음에 들지 않는 자녀의 모습에 대해 말할 때가 있다. 맞장구 치기도 그렇고 그건 아니라고 하기도 애매한 이 상황은 부부 사이가 좋지 않으면 더 자주 발생한다. 마음에 들지 않는 남편의 모습을 고스란히 닮은 내 자녀의 모습이라니! 마음에 들 리가 없다. 누굴 닮았냐고 물어보면 보통은 남편이라고 말하며, 왜 마음에 들지 않느냐고 이유를 물으면 꼴도 보기 싫다고 재차 말한다. 그 아이의 잘못은 아빠의 유전자를 좀 더 물려받았다는 것 외엔 없다. "다행이지 않아요? 아빠를 닮지 않는 게 더 이상한 거 아니에요?"라고 농담처럼 말하면 본인도 웃는다. 자기 발등을 자신이 찍었다면서. 가끔은 솔직한 말이 편안한 웃음으로 이어질 수 있다.

학부모도 교사처럼 요즘 애들을 키우는 것을 버거워한다는 점을 기억하면 조금은 편안해질 수 있다. 그들 역시 내 자녀를 어떻게 해야 할지 막막할 때가 많다. 그러니 너무 긴장하지 않으셔도 된다. 모든 부모가 교사를 공격하진 않는다.

엄마와 아빠의 서로 다른 시선

아이가 학교에서 성장의 어려움을 겪을 때 학부모 상담을 요청하면, 보통은 엄마가 학교로 온다. 아버지 역할이 강조되고 부모가 함께 의논하러 오는 경우도 많아졌지만, 여전히 엄마가 자녀의 양육을 맡고 있는 사례가 많다.

생계 유지 등으로 어쩔 수 없는 상황은 빼고 부모님을 모두 오시라고 하는 게 좋다. 아이의 문제 행동으로 인한 학부모 상담일 때는 문제 해결에 더 도움이 된다. 이유는 자녀 교육에 관심이 많은 아버지는 부르지 않으면 오기 힘든 점이 있고, 또 다른 것은 자녀 문제 행동의 원인을 엄마 탓으로 돌리기 때문이다. 엄마가 주 양육 대상자라도 아이의 긍정적인 면은 부부가 알고 있을 가능성이 크지만, 부정적인 문제는 아버지에게 잘 말하지 않는다. 남편이 '넌 뭐 했냐? 애 하나도 잘 못 키우냐?' 등 기분이 몹시 나쁜 말을 뱉을 확률이 높기 때문이다. 맞벌이라도 이렇다. 부모 공동의 몫이라는 생각은 할지 모르나, 부정적인 일이 생기면 보통은 엄마 탓이다. 엄마 본인도 죄책감을 좀 더 많이 느낀다.

문제 행동은 부모가 함께 나서야 한다. 특히 사춘기 아이들은 이해하기 어려운 면이 많아 동성 부모가 나서야 한다. 웬만하면 부모를 모두 불러서 한쪽 부모가 겪는 어려움을 해결해 주는 것이 좋다. 젊은 부모와 상담하다 보면, 엄마들은 남편의 문제에 대해 말할 수 있어 좋아하고, 아버지들은 오고 싶었지만 핑계가 없어 못 왔던 욕구를 충족시켜줘서 좋아한다. 남편과 아내의 문제에 대해 하소연하는 것도 덤으로 할 수 있어 더 좋아한다. 이 경우 담임 혼자 감당이 힘들면 상담교사나 관리자와 함께 상담하면 효과적이다.

자녀를 혼자 키우는 부모에게는 세심한 제안이 필요하다. 요즘은 가정 상황을 교사가 모르므로 한계는 있다. 엄마가 아이를 혼자 키우는 것을 알게 됐을 땐 어려움을 공감하고, 아이에게 문제가 있다면 이유를 찾는 게 좋다. 사춘기가 되면 동성 부모가 자녀에 대한 이해심이 더 넓어진다. 그런 점에서 혼자 아들을 키우는 엄마는 아들이지만 이해되지 않는 면이 많아서 힘들다. 엄마가 고생한다는 걸 알지만 삐쭉삐쭉 튀어나오는 반항은 어쩔 수 없다. 이때 엄마가 스스로 아이에게 미안한 마음과 죄책감 등으로 아들의 욕구를 충족시켜주면 더 빗나갈 수 있음을 말씀드려야 한다. 혼자 아이를 키우는 게 아이에게 미안할 수는 있으나 엄마 잘못은 아니다. 사정이 있었을 것이다. 우리나라 교육 환경에서 누가 혼자 아이를 키우고 싶겠는가? 오죽하면 이런 선택을 했을까? 용기를 드려야 한다. 자녀에게 고개 숙일수록 아이는 자신도 모르게 안하무인의 행동을 할지도 모른다.

아빠 혼자 아이를 키우는 분은 학교에서 일어나는 일을 잘 모른다. 대체로 딸이 엄마 역할을 하는데, 여자아이의 섬세한 마음을 읽긴 어렵다. 이런 부분에 대해 조언하는 것이 좋다. 아빠가 자녀를 혼자 키우는 걸 선택했다는 것만으로 굉장한 용기가 필요하고 대단하다고 생각한다. 이 부분을 염두에 두고 도울 수 있으면 돕는 것이 좋다.

한편, 혼자 된 부모와 조부모가 함께 사는 경우가 많은데, 이때는 조부모가 같이 살지 않는 다른 부모를 부정적으로 말하기도 한다. 이 상황이 되면 아이들은 심리적인 갈등을 많이 겪는다. 이는 함께 살지 않는 부모를 그리워하거나 정기적으로 만나는 아이에게 아무 도움이 되지 않는다. 심지어 사실이 아닌 이야기를 하여 아이들을 힘들게 하는 분도 있다.

아이의 문제 행동으로
상담이 필요할 때
—

문제 행동으로 담임을 만나야 하는 부모의 마음은 어떨까? 학부모 상담 주간이나 총회일 학부모 상담은 공식적으로 사전에 계획된 일정이다. 이때 교사가 무슨 이야기를 할지 고민하는 것처럼, 부모도 교사를 만나는 시간이 편안하지 않고 어렵다. 일반 상담도 이럴진대, 담임이 요청한 그것도 자녀의 문제로 요구한 상담이니 얼마나 긴장되겠는가?

자녀 문제로 담임이 호출할 때, 교사인 학부모도 긴장되고 불안하여 피할 수 있으면 피하고 싶다고 한다. 내 아이가 너무 심각하면 어떡하지? 내가 뭘 잘못했나? 등등 온갖 부정적인 생각으로 교실에 들어온다. 이런 학부모의 마음을 먼저 풀어주고 아이에 대해 이야기하는 것이 좋다. "시간 내느라 힘드셨죠? 와주셔서 감사합니다."라는 말로 잠깐 여유로운 시간을 가져보자.

가장 먼저 할 일은 아이의 좋은 점이나 변한 점을 칭찬하고 부모의 마음을 공감하는 것이다. 빨리 끝내고 싶은 마음이 앞서지만, 먼저 부모의 어려움을 물어보자. 학교에 있는 우리는 잘 모르지만, 우리는 생각보다 불친절하다. 장담하건대 원래 그런 건 아니다. 아이들과 싸우다 보면 지치기도 하고, 부드러운 말로 하면 잘 듣지 않는 아이들을 매일 겪으면서 소리를 질러 가르칠 일이 많아서다. 또한 자녀의 문제를 방어하고 회피하는 학부모를 자주 만나면서 교사도 좋은 일이 아닌 이유로 학부모를 만나는 것이 부담스러워 긴장하기 때문이다.

문제 행동의 원인이 부모에게 있다면?

어릴수록 부모의 영향을 많이 받으므로 학생의 문제 행동 원인은 부모에게 있는 경우가 많다. 부모 역시 자신이 하는 말과 행동, 심리적 특성이 자녀에게 영향을 미친다는 걸 알고 있다. 그럼에도 왜 부모는 자녀에게 부정적인 역할을 할까? 자녀를 키우면서 어쩔 수 없는 피치 못할 이유가 있을 수 있다. 아주 특이한 경우를 제외하고는 자녀가 잘못되기를 바라는 부모는 없다. 부모 본인의 문제가 있을 것이다. 심각한 정신적인 문제나 트라우마가 아니라도, 우리를 비롯하여 사람은 누구나 단점이 있다. 그 단점이 아이를 키우면서 적나라하게 드러나거나 유독 맞지 않는 자녀와 다투는 원인이 될 것이다.

다른 이유는 부모가 미성숙하다는 점이다. 요즘 우리가 만나는 학부모는 3040 세대가 많으며, 이들은 나름 풍요롭게 부모의 보호를 받으며 귀하게 자란 세대다. 그런 점에서 개인주의 경향, 내 아이, 내 가족 중심의 사고를 할 수밖에 없다. 나름 똑똑한 부모는 최선을 다해 공부하고, 좋다는 방법을 다 쓴다. 자신을 희생하면서까지(최근에는 자신을 희생하지 않는 부모도 많아졌다) 내가 이렇게 열심히 하면, 당연히 잘 자란다고 생각한다. 유명한 학자나 교육 전문가, 상담자의 이야기를 듣고 그것을 진리로 따른다. 그것이 내 자녀를 잘 키우는 것이라 믿는다. 이들의 눈에 교사는 더 이상 전문가가 아니다.

초등학교 때부터 의대 진학을 위해 학원을 보내는 부모에게 중요한 것은 자녀의 학력이다. 그로 인해 발생하는 아이의 심리 정서적인 문제와 균형이 깨질 때 발생할 문제를 선생님이 말한들 먹히지 않는다. 담임이 아이의 친구 관계와 분노 조절 문제를 이야기하는데, "공부는 어때요?"라고 묻는 학부모에게 무슨 말을 하랴! 자녀의 마음은 최악으로 치달아 병원 입원을 고민하는 상황에서 "이거 기록에 남죠? 대학 갈 때 피해 될까 봐서요." 하기도 한다. 우리가 걱정하는 아이의 심리적 어려움이 사라지면 좋겠지만 뭐 어쩌겠는가? 우리 영역 밖 부모의 선택인 것을.

학년이 올라가면서 아이의 심리 행동 문제는 심각해지고 모든 담임이 자녀의 문제에 대해 말한다. 그렇게 반복적으로 듣다 보면 어느 순간, 아주 늦은 어느 학년에서 자녀의 문제를 수긍한다. 강한 거부감을 나타내는 부모에게는 할 수 있는 딱 그만큼, 아이의 문제 행동에 대한 걱정과 불안만 있는 그대로 솔직하게 말하는 것이 좋겠다. "내가 잘못 봤을 수도 있지만"이라는 말을 반드시 붙이면서. 부모의 부정적인 반응이 걱정되고 부담스럽더라도 이는 말해야 한다. 반복은 학습 효과가 크니까.

교사가 판단한 행동이 과연 문제 행동인가?

학생의 문제로 학부모 상담을 요청할 때는 한 번 더 고민해야 한다. 내가 판단한 아이의 특성이 과연 문제 행동인가? 교사의 판단을 무시하는 것이 아니다. 조용히 가만히 앉아서 수업하는 것을 정상으로 생각하는 교사는 산만하거나 수업 시간에 움직이는 걸 참지 못한다. 다른 경우는 학급 아이들에게 피해를 주는 것이다. 그 아이의 문제일 수 있지만 학급 아이들은 염려하는 것보다 대수롭지 않게 여긴다. 본인들도 비슷하기 때문이다. 그보다 담임이 그 아이를 못 견딜 확률이 높다. 담임의 집중을 방해하는 것이다.

우리는 요즘 아이들과는 다른 세대를 살아온 어른이다. 바운더리를 조금은 요즘 트렌드로 바꿀 필요가 있다. 초등학생은 맨얼굴이 훨씬 예쁘고, 피부에 미칠 영향 등을 생각하면 화장을 동의할 수 없다. 이것은 교사인 우리의 관점이다. 아이들은 동의하지 않는다. 어릴 때부터 화장한 아이들은 1차로 집에서 부모와 싸운 경험이 있다. 학급 아이의 화장에 대한 고민은 부모와 충분히 나눌 수 있다. 몇 년 전까지는 중학교에서도 화장을 금지했다. 아이들은 맨얼굴로 등교하고, 바로 화장실로 화장하러 간다. 매일 전쟁 같은 신경전을 하면서 교사들은 지치고, 결국 알면서도 모른 척, 보면서도 안 본 척하는 교사가 늘어났다.

지금도 화장으로 아이와 싸우는 중학교 선생님도 있다. 그게 잘못됐다는 것이 아니며 충분히 그럴 수 있다. 그러나 각오는 해야 한다. 밑 빠진 독에 물 붓기를 하면서 먼저 지치는 것은 선생님 자신이라는 것을. 아이들은 그 선생님만 피하면 된다. 지금 화장은 초등으로 내려가서 전쟁 중이다.

교사의 역할은 어디까지인가?

학교에서 자녀에게 일어난 일에 대해 교사들은 사사건건이라 표현할 정도로 부모에게 연락한다. 이는 유치원, 어린이집부터 시작된 것으로 초등도 마찬가지다. 교육 활동에 대한 사진이나 글을 공유하는 건 좀 덜하지만, 친구와 다투거나 수업 자세 등 부정적인 모습에 대해 연락할 때는 몹시 부담스럽다. 자녀의 학교생활을 궁금해하는 학부모에게 알리는 것은 당연한 면도 있지만 학생 개개인의 모든 활동을 통제하긴 어렵다. 한두 번으로 끝나는 문제는 그래도 나은 편이다. 반복적으로 친구와 싸우거나 수업 방해 등은 부모 상담을 해도 고쳐지지 않으며, 그것을 일일이 연락하기는 정말 싫다. 그럼에도 교사들은 연락한다. 이때 조금 요령이 필요하다. 아이의 문제가 나아지지 않는 것에 대해서만 말하지 말고, 먼저 아이의 긍정적인 변화를 칭찬하고 부모의 노력에 대해 고마움을 표현한다.

"며칠 계속 아이들과 싸우고 수업 시간에 돌아다녔는데, 오늘은 잠깐 씨우긴 했지만 수업 시간엔 얌전했어요."

그 아이의 관점에서 보면, 그 정도는 얌전하게 앉아 있었던 거다. 다른 애들과 비교하면 안 된다. 다른 시각에서 생각해 보면, 아이가 맨날 그렇게 날뛰고 아무 변화도 없는데 '담임인 넌 뭐 했냐?' 이다. 안 한 게 아니다. 나름의 방법으로 선생님과 부모는 최선을 다하고 있다. 그 부분은 서로 인정해야 한다. 실제로 마음에 들지 않고 더뎌서 그렇지 조금씩 변하고 있다. 발아하지 않았을 뿐, 스펀지에 물이 스며드는 중이다. 발아까지 걸리는 시간은 제각각 다르며, 우리는, 학교는, 사회는 시간이 걸리는 아이를 못 참는 경향이 있다. 내가 맡은 1년 동안 안 되면 다음 해엔 되겠지 하는 마음으로 내가 할 일은 1년 동안 성심성의껏 아이를 돌보는 것뿐이다. 걱정하지 마시라. 그리고 기억하시라. 변화는 그 아이의 몫이며, 부모의 몫이다. 선생님과 부모가 노력하지 않았으면 아이는 더 심해졌을 것이다. 열심히 했기 때문에 그 정도로 그치는 것이다.

학부모 상담 전에 해야 할 일

"ADHD 증상 체크 리스트를 찾아보니 대부분 똑같아요. 이에 대해 학부모와 상담해서 검사나 진단에 대해 말하려고 하는데, 망설여지네요. 아니라면 어떡하지? 하는 걱정도 되고, 부모가 강하게 거부하면 어떡하지? 하는 불안도 있고. 제가 ADHD로 약 먹은 학생을 본 적이 있는데, 약 먹은 병아리처럼 처져 있으니까 제 마음이 안 좋더라고요. 그걸 보는 부모 마음은 얼마나 안 좋을까? 하는 생각도 들었어요. 어떻게 하면 좋을지, 참 어렵네요."

위 선생님처럼 자녀의 문제 행동에 대해 의논하고 고치고자 하는 마음으로 하는 학부모 상담은 곤혹스럽다. 솔직히 말하면 피하고 싶다. 교사들은 다른 학생과의 관계에서 일어나는 학생의 심리 행동적 특성을 최대한 객관적으로 파악하려 한다. 평소 관찰 일지, 사건 기록, 상담 시나리오, 아이에 대한 교사와 학생의 증언 등을 준비한다. 위클래스 상담 선생님에게 자문을 듣거나 아이의 행동에 관해 열심히 공부한다. 이런 준비에도 불구하고, 학부모의 강한 거부나 기분 나쁜 말투에 대한 걱정은 크다.

최근 들어 다소 누그러지긴 했지만, 아직도 부모들은 자녀의 지능이나 심리 정서 문제에 대해 검사나 상담, 치료를 권유하면 거부 반응을 보인다. 교사의 전문성을 의심하는 것을 넘어 심지어 교사를 공격하는 부모도 있다. 어려움을 무릅쓰고 아이의 문제 해결을 위해 부모와 협의하는 자리인데 부정적으로 나오면 아무것도 하기 싫고, 그 아이마저 싫어지려 한다. 부모들은 모른다. 교사가 오죽하면 학부모 상담을 요청했을까?

가벼운 문제 행동은 담임 선에서 해결할 수 있지만, 그렇지 않은 조금은 큰 문제 행동으로 인한 학부모 상담은 담임과 상담교사, 부모가 함께 참석하는 게 도움이 된다. 그러려면 일단 그 아이가 위클래스에서 상담받아야 한다. 그걸 토대로 심리 정서적인 부분에 대해서는 상담교사가 전문성을 발휘하고, 담임은 교실과 수업 시간에 학생이 보이는 말과 행동에 대해 말하는 것이 좋다. 비상식적이고 반복적인 학부모는 관리자도 상담에 참여하는 것이 좋다. 담임 혼자 감당하기 어려운 학부모가 증가하는 추세이니 공동체가 함께 해야 한다.

학부모 유형별
상담 대응하기

—

아이를 키우는 것은 부모이다. 부모가 교사의 제안을 곡해하거나 거절할 때 우리가 할 수 있는 일은 없다. 이 글을 쓰면서 '그래도 어떻게, 교사가 아이를 포기하면 안 되지!' 하는 생각이 올라온다. 우리는 어쩔 수 없는 천상 교사라서 그렇다. 그러나 차분히 생각하면, 이것은 포기가 아니다. 아직 때가 아닌 거다. 다만 부모와 달리 아이에게 지도가 먹히고 변화가 보인다면, 부모는 접어두고 그런 부모 밑에서 자라야 하는 아이의 내공을 길러주면 된다.

교사들이 많이 범하는 오류 중 하나는 포기와 거리두기에 대한 혼돈이다. 내가 할 수 있는 최선을 다했음에도 아이가 마음을 열지 않고, 심지어 부모마저 방어적이라면 거리두기가 필요하다. 한 발짝 물러나서 아이를 바라보면 나도 다소 여유를 찾을 수 있다. 거리를 두는 동안 시간은 흘러 아이도 자라고, 엄마 역시 자녀에게 문제가 있음을 발견할 수 있다. 그때가 꼭 내가 담임을 맡을 동안일 필요는 없다. 그 아이를 만날 내년 담임이 있고, 초등 때 안 되면 중학교, 고등학교도 있다. 나는 그 아이 담임으로서 12분의 1만큼 역할을 하면 된다. 유치원과 대학을 합치면 거의 20년이다. 20분의 1만큼 최선을 다하면 된다.

다시 한번 말씀드리지만, 1년 안에 모든 문제를 다 해결하는 것은 불가능하다. 왜냐하면 아이들은 끊임없이 성장통을 겪고 있으니까. 교사인 우리도 늘 실수하고 성장하며 성찰하지 않는가? 올해 아이가 받아들일 준비가 안 됐으면, 내년에 좀 자라있겠지! 하고 생각하자. 부모 역시도 마찬가지다. 이것은 교사의 책임을 다하지 않는 포기가 아니라 거리를 유지하면서 기다리는 것이다. 어떤 선생님이 부모를 설득하다 지치니까 학생 지도를 회피하고, 학부모 상담도 그만두게 되더라는 말을 하면서 속상해했다. 잘하셨다. 우리 반 건강한 아이들과 학부모에게 쓸 에너지는 남겨두어야 하니까.

집에서는 그렇지 않아요

담임이 학교에서 자녀가 보이는 문제 행동에 대해 말했을 때, "집에서는 그렇지 않아요."라고 말하는 학부모가 있다. 이 말을 듣는 순간 사실 여부를 떠나 선생님은 속이 상하고, 거부하는 느낌과 동시에 본인을 무시하는 느낌을 받는다. 우리 아이는 그런 아이가 아닌데 선생님이 잘못 본 거라는 마음을 표현한 것처럼 받아들여진다. 그렇다면 부모의 이 말은 사실일까? 집에서는 그러지 않을까? 이 말은 사실일 수도 거짓말일 수도 있다. 순간 '담임인 나를 물로 보고 간 보나?'라는 생각이 빛의 속도로 스치는 분도 있을 것이다. 그렇다면 왜 집에서는 그렇지 않을까?

집과 학교생활이 거의 전부인 아이들은 한 곳에서 주로 숨을 쉰다. 초등 아이들은 주로 학교에서 친구들과 놀거나 때론 반항하면서 스트레스를 푼다. 아직은 혼자 힘이 약하므로 친구와 함께 반항하는 경우가 많다. 학업에 부담을 느끼는 중학생은 상황에 따라 집이나 학교에서 마음의 휴식을 취한다. 고등학생은 학교보다는 집이나 다른 곳에서 나름대로 풀고 산다. 이런 점 때문에, 집과 학교에서 아이들의 말과 행동이 다를 때가 있으며, 집안 분위기가 강압적이거나 부모 중심이면 더욱 학교에서 풀 것이다. 반대로, 학교나 담임이 더 통제하고 강압적이면 집에서 숨 쉴 가능성이 크다. 어느 한쪽에서라도 숨을 쉬어야 학원과 학업 성적 등으로 스트레스가 심한 아이들은 살아낼 수 있다.

아이들은 고학년으로 올라갈수록 학교뿐만 아니라 부모에게 반항하고 정도가 심해진다. 많은 초등학교 학부모가 우리 아이는 집에서 그렇지 않다는 말은 이런 면에서 사실일 수 있다. 그렇다면 "아. 그래요? 다행이네요. 그럼, 집에서는 어때요?"라고 물으면 끝이다. 굳이 집에서 그렇지 않다는데 더 이상 뭘 어쩌겠는가. 그럼에도 기분이 나빠진 많은 선생님이 아이의 만행이 빼곡하게 적힌 기록을 보여주면서 감정을 섞어 반응한다. 이러면 관계가 어긋나고, 양쪽 모두 감정이 상할 대로 상한다. 그 아이가 교실에서 문제 행동을 하는 건 선생님을 무시해서도 간 보는 것도 아니다. 그냥 어딘가에서는 뭔가를 해야 살 것 같은데, 그것이 교실일 뿐이다. 두 곳 모두에서 숨을 쉬지 않으면 몸이나 마음을 공격한다. 집과 학교에서의 모습이 다를 때 집 분위기나 부모의 성격을 물어보면 답을 찾을 수 있다.

상담실에서는 부모가 말한 것처럼 학교에서만 문제를 일으키는 아이를 가끔 만난다. 이야기를 나누다 보면 왜 집에서는 얌전하고, 학교에서만 그러는지 알 수 있다.

"아이가 아빠를 미워하고 반발하면서 복수심을 말로 강하게 표현하는 정도에 비해 가족화에서 아빠의 모습은 부정적이지 않고 긍정적인 면이 드러났어요."

"(엄마) 이전에 다른 상담실에서 그랬을 때 아빠에 대한 부정적인 마음을 그대로 표현했다고 했는데, 조금 바뀌었나 봐요."

"너만 잘하면 우리 가족이 행복하다, 넌 잘못될 거야, 잘하는 게 없어 등의 말을 자주 하나요?"

"(아빠) 변명하자면, 저도 몇 번이나 좋은 말로 한단 말이에요. 오죽했으면 제가 그럴까요? 너무 말을 안 들으니까요."

"오죽하면 그러셨을까, 이해는 돼요. 근데, 아빠가 하신 말씀은 아이의 존재 자체를 부정하고 비난하는 말이에요. 저는 이 부분은 아이에게 사과해야 한다고 생각해요."

"(아빠) 애가 저랑은 말도 안 하려 하고 같이 어디 가자는 것도 모두 거절해요."

"아빠에게만 화를 내는 것 같네요."

"(엄마) 동생을 일부러 더 야단쳐요. 그랬더니 초4인 동생이 사춘기 반항을 해요."

"(아빠) 그래도 동생은 말을 잘 들어요."

"(엄마) 아빠는 동생이 어리니까 더 감싸는데, 요즘은 애써요. 동생에게 일부러 더 야단도 치고요."

"아빠가 많이 노력하시네요, 쉽지 않으실 텐데. 그래서 아이가 작년에 비해 철이 들었나 봐요."

"(담임) 상담 샘 말처럼 아이가 조금씩 변하고 성장하는 게 맞는데, 수업 시간이 좀 문제예요. 초등학생이 할 만한 행동을 해요. ADHD처럼 산만하게 자리에서 일어나 돌아다녀요. 다른 아이들이 '쟤 또 왜 저래?' 이렇게 하면서 무시하는 느낌도 들어요. 일대일로 만나면 괜찮은 아이인데, 전체 앞에서는 관심을 받으려고 하는지 몰라도 산만하고 공격적으로 보여요. 원인을 잘 모르겠어요. 말이 안 통할 때가 있어요."

"(엄마) 집에서는 산만하지 않은데 수업 시간에 돌아다닌다고 해서 정신과에 갔어요. 의사 샘이 ADHD는 아닌 거 같고, 수업 시간에 돌아다닌다니까 약을 처방해 주셨어요. 먹고 나서 속이 울렁거린다고 그러더라고요. 일주일에 한 번 의사 샘과 이야기하고 와요."

"제가 보기에도 ADHD보다는 복수심으로 아빠 희망과는 반대로 움직이는 거 같아요."

"(아빠) 저는 강조하는 게 간단해요. 화를 내는 포인트가 있단 말이에요. 잘하는 부분은 저도 칭찬해요. 제가 높은 기준을 갖고 있는지 모르겠는데, 사실 아이가 수업 시간에 돌아다니는 것이 이해가 안 돼요. 앉아 있어야죠. 수업 시간에 돌아다니면 아이들이 널 무시하고 얕잡아 본다는 말을 하거든요."

"그렇군요. 말씀을 듣고 보니 아이의 행동이 좀 이해가 돼요. 왜 수업 시간에 관심받으려고 하지? 생각했거든요. 아이가 상담 중에 너는 아빠에게 복수하기 위해 문제를 일으키는 거 같아, 했더니 그렇다고 하더라고요. 그건 너에게 어떤 도움도 되지 않을 거 같아. 아빠가 잘했다는 건 아냐. 그랬더니 가만있더라고요. 아빠가 하지 말라는 건 다 문제 행동을 일으키고 있네요."

"(아빠) 대신 전 공부를 하라고 강요하진 않아요."

"그러니까 공부는 잘하잖아요. 학교도 잘 오고."

"(엄마 웃음)"

"(아빠) 그럼 제가 어떻게 할까요? 제가 고칠게요."

"지금도 노력하시는 모습이 좋아요. 먼저 아이의 존재를 비난한 거 사과하고, 아이의 잘된 점은 칭찬하고 부정적인 모습이 보여도 그냥 모른 척하세요. 도저히 참기 어렵고 울화통이 터지면 밖으로 나가서 산책이라도 하세요. 대신 엄마가 야단치면 될 거 같아요.

혹시 아빠는 학교 다닐 때 모범생이었을까요?"

"(아빠) 네. 어머니 영향을 많이 받아서 사고를 친 적이 없어요. 그래서 아이가 이해 안 돼요."

"그러시겠네요. 그런데 요즘 아이들은 아버님처럼 학교를 잘 다니고 아무런 사고를 안 치는 아이들은 없답니다."

"(아빠) 게임을 밤늦게까지 하는 게 걱정이 돼요. 너무 빠져 있어요."

"저도 같은 걱정이에요. 대부분 아이들이 그러니까요. 어떤 전문가 샘에게 의논했더니, 요즘은 사용 시간을 줄이라는 것은 먹히지도 않아서 어떻게 잘 활용할지를 가르친다고 하더라고요."

"(아빠) 초4 때까지는 아이와 장난을 많이 치고 좋았는데, 사이가 많이 나빠졌어요. 축구장도 다니고 함께 놀고 그랬거든요. 훈육을 많이 해서 그런 거 같아요. 그래서 많이 줄이긴 했어요."

"아빠가 엄청 노력하시네요. 쉽지 않으실 텐데, 대단하세요."

아빠의 노력에 엄마도 동의하셨다. 어릴 때 같이 놀던 활동을 해 보시라고 권했더니 그렇게 하시겠다고 했다.

우리 아이는 그런 애 아니에요

학부모가 스쳐 지나는 사람이면 "네네" 하고 넘어가겠지만, 거의 매일 교실에서 다른 아이들을 귀찮게 하거나 괴롭히는 아이의 부모라면 담임 입장에서 속이 터진다. 한술 더 떠 "우리 아이가 거짓말한다는 거예요?"라고 한다면 '그걸 제가 어떻게 알아요?' 하고 따지고 싶지만, 꾹 참는다.

부모들은 왜 인정하지 않으려 할까? 우리나라에서 자녀 양육과 교육은 주로 엄마 몫이다. 교사가 만나는 분들도 대부분 엄마이다. 당신 아이가 이런 점이 좀 어렵고 문제가 있다는 말을 듣는 순간, 자신이 아이를 잘못 키웠나? 하는 생각이 든다. 아이의 문제를 수긍하는 것은, 내가 잘못 키웠다는 걸 인정하는 것이 된다. 결론은 내 탓이다. 그래서 거부한다.

모든 잘못이 엄마에게 있지 않고, 아버지가 문제인 가정도 많다. 그럼에도 엄마 탓이다. 초등 저학년 자녀의 부정적인 행동에 대한 선생님의 말에 발끈하는 건 엄마 입장에서 당연한 방어다. 이런 난처함을 막기 위한 하나의 방법은 가능하다면 문제 행동 학부모 상담 시 부모 모두를 부르는 것이다. 아버지가 본인의 잘못은 인정하지 않고 엄마 탓을 많이 할수록 학교에 오지 않는다. 우리 아이는 문제가 없고 그런 아이가 아니라는 부모의 자기 부정은 학년이 올라갈수록 줄어든다. 담임으로부터 반복해서 듣기도 하지만, 클수록 집에서도 문제가 생기기 때문이다.

이전 선생님은 안 그랬는데요

작년까진 아이가 그러지 않아서 전 학년 선생님이나 초·중학교 선생님이 말을 안 했을 수 있다. 교사들은 '이전부터 문제가 있어 말했을 가능성이 높은데 또 저런다!'라는 생각이 든다. 엄마가 거짓말하는 것일 수도 있고, 실제로 올해부터 아이가 이상해졌을 수도 있다. 아이들은 어디로 튈지 모르지 않는가? 이전 담임은 '도대체 뭘 한 거야?' 울화통이 터질 수도 있다.

이전 선생님과 올해 담임인 나를 비교하는 것은 그 엄마의 자유다. "아. 그랬군요. 올해 가정에 어떤 일이 있었을까요? 집에서는 변한 게 없나요?"라고 편안하게 물어보라. 감정적으로 대응하면 끝나도 기분이 몹시 나쁘고 아이까지 보기 싫어진다.

내년 담임에게 올해 담임인 내가 피해 주지 않으려면, 인정하지 않더라도 아이의 심리 정서적인 문제와 걱정에 대해 부모에게 말해야 한다. 감정이 상하더라도 한 번쯤은 반드시. 다음 학년에 가서 핑계 대지 못하도록, 학년 말이라도 말해야 한다. 매년 담임에게 자녀의 행동에 대해 듣다 보면 어느 순간 받아들인다. 중학교에 와서 자녀의 문제 행동을 그나마 수용하는 가장 큰 이유는 초등 6년 동안 온갖 말을 들어준 초등 담임 덕분이다. 중학교까지 9년 동안 듣고 고등학생쯤 되면 포기하게 된다. 물론 거부하는 기간이 길수록 아이의 문제는 심각해져서 치료 불가능에 이를 수 있다. 누굴 탓하겠는가!

조현병 초기로 보이는 중3 남학생의 병원 치료를 위해 엄마를 상담한 적이 있는데, 그 아이의 최초 발병은 초4 때 나타난 것으로 보였다. 중3인 그 아이의 병원 치료를 설득하는 데 담임과 학년 부장, 상담교사인 나까지 가세하여 한 학기가 걸렸다. 부모가 자녀의 문제를 인정하는 것은 이렇게 어렵다. 그러니 큰 기대하지 말고 너무 상처받지 마시길 바란다.

이제 저도 포기했어요

담임이 자녀 문제를 의논하면, "어떻게 해야 할지 모르겠어요. 저도 포기했어요." 하는 부모가 있다. 이런 학부모는 초등에서는 드물지만, 중·고등학교에서는 자주 만난다. 특히, 폭력적인 아이의 부모나, 아이가 갑, 부모가 을인 관계가 고착되면서 자녀에 대한 통제 권한을 상실한 부모도 이런 반응을 한다. 아이가 자랄수록 부모가 아이를 어떻게 해야 할지 몰라 끌려다닌다.

집과 학교에서 반복되는 자녀의 문제 행동과 이로 인한 교사의 호출, 문제 해결 요구 등 부모의 어려움이 이해 안 되는 건 아니다. 하지만 부모의 이런 태도는 아이를 어떻게 도와야 할지 고민하는 교사의 의욕을 꺾어버린다. 부모가 앞장서도 될까 말까인데, 나 혼자서 할 수 있는 게 뭐지? 라는 생각이 든다. 학생의 문제 행동은 담임과 상담교사, 학부모가 삼각형으로 돌아가는 것이 이상적이다. 가장 중요한 한 축인 부모가 손을 놓으면, 학교가 더 많이 애를 써야 한다. 그러나 학생 수가 많은 교실에서 한 아이에게 쏟을 수 있는 에너지는 한정적일 수밖에 없다.

비상식적인 학부모를 만났을 때

최근 폭력적이거나 정신이 아픈 사람이 증가하고, 학부모도 마찬가지다. 건강하지 못한 부모의 영향을 고스란히 받는 아이들은 학교에서 문제를 일으킬 확률이 높다. 문제 해결을 위해 부모와 소통이 힘들 때도 학교에서는 학생을 돕기 위해 최대한 노력한다. 아이의 상담을 끊임없이 설득하거나 외부 전문가의 도움을 받는 방법을 찾는 등 할 수 있는 최선을 다해 담임과 상담교사, 관리자가 노력한다. 이렇게 열정을 다해서 아이가 조금이라도 변하면 함께 기뻐한다. 문제는 이것마저 오해하거나 자기 입장만 고수하는 비상식적인 부모다. 학교가 그 아이를 돕기 위해 움직이는 서지, 다른 무슨 이유가 있겠는가? 다짜고짜 관리자를 찾아가 담임을 헐뜯거나 학교를 문제 삼거나, 소송까지 불사한다. 그 과정에서 교사는 지치고 교직에 회의를 느끼며, 아이들을 쳐다보는 것도 힘들어진다.

이런 부모는 객관적이고 냉정하게 거리를 둬야 한다. 담임 혼자 처리하거나 만나면 안 된다. 상담교사와 부장, 관리자와 담임이 함께 대응해야 한다. 이 아이는 그 학급만의 어려움이 아니고, 학교에서 돕지 않으면 더 큰 사회 문제로 이어질 수 있다. 다른 모든 것을 떠나 이 사람들은 교사 혼자 감당할 수 없는 사람이다. 이 상황에서도 강 건너 불구경하듯 발을 빼는 부장이나 관리자가 있다면 정말 이건 아니다.

상담과 치료에 대한 학부모의 편견과 오해

상담과 심리치료, 정신과 진료에 대해 아주 부정적인 생각을 가질 때가 있었다. 지금도 모든 부모가 이에 관해 마음이 열린 건 아니지만, 이전에 비해 상담과 치료는 많이 일반화되었다. 이로 인해 생기는 문제가 있다. 매체에서 상담과 치료를 너무 많이 다루다 보니, 내 아이를 받아들이지 않고 '이런 모습은 뭔가 문제가 아닐까?'

라는 생각을 하는 부모가 많아졌다. 담임이 자녀에 대해 아무리 좋은 점을 말해도, 이것도 문제, 저것도 문제라고 끊임없이 치료가 필요함을 어필하려 한다.

꽤나 심각한 다른 상황은 담임이 아이의 문제에 대해 말하면, 본인이 더 잘 아는 것이다. 교사의 전문성을 무시하는 것도 힘 빠지지만, 더 안타까운 것은 부모 자신이 변하면 해결될 일임에도 엉뚱한 곳에서 원인을 찾는 것이다.

학교에서 일어나는 아이의 심리적 행동적 특성은 교사가 제일 잘 안다. 전문적으로 그것의 원인이나 치료 방법은 모르기 때문에 제안하는 것이다. 심리치료 영역에서는 학부모가 찾는 그들보다 덜 전문적일 수 있겠지만, 유명한 사람이 운영하는 상담소에서 더 나빠진 아이도 있다는 것을 말해도 듣지 않는다.

교사가 학부모 입장이 되었을 때

교사가 자녀의 문제 행동 때문에 학부모 입장이 돼도 다르지 않다. 오히려 일반 학부모보다 더 담임을 괴롭힐 수 있다. 학교와 교사의 입장 그리고 시스템을 너무나 잘 알기 때문이다. 이런 이유로 담임들은 교사인 학부모를 부담스러워한다.

학부모로 담임을 만나는 선생님 입장에서 후배의 미흡함이 서운하면 다독거리면서 마음을 표현하시라. 경력이 적었을 땐 우리도 그랬다. 그럼에도 아이를 아끼는 열정만큼은 누구 못지않다. 반대로 자녀와 세대 차가 많이 나는 고경력 교사가 마음에 안 든다면 나도 언젠가 그분의 모습이 될 것이다. 무시할 수 없는 내공과 노하우를 바라보시라. 그 무엇보다 어떤 유형의 담임이든 내 아이가 1년 동안 겪어야 할 어른이다. 그 선생님으로부터 무엇을 배우든 그것은 아이의 성장에 밑거름이 될 것이다. 선생님이 다른 아이들에게 그러는 것처럼. 완벽한 담임은 없다.

환경이 척박한 학부모는 그럴 수 있겠거니, 삶이 너무 여유롭지 못하니 우리가 감당하긴 어렵지만 이해되는 측면이 있다. 엘리트 학부모가 법을 앞세워 담임을 공격할 때는 어처구니가 없다. 그것도 자녀의 잘못이 분명한 상황에서 말이다. 생각해 보면, 그 엘리트 학부모는 교사로부터 가장 많은 칭찬을 받았던 학생이었을 것이다. 어쩌면 늘 학교에서 공부 잘한다는 이유로 교사에게 갑의 대접을 받고 손해본 적이 없어서 다른 사람의 입장 따윈 관심 가질 필요가 없었을 수 있다. 이런 점에서 본다면 우리가 그렇게 가르쳤으니 우리 발등을 우리가 찍었다고 해야 하나? 한편으로 자녀가 잘못을 해도 손해만 안 보면 되는, 아이의 미래를 내세워 거짓도 참임을 주장하는 부모 밑에서 자란 그 아이의 거창한 미래가 궁금하다. 이기적인 아이로 자란 그 아이의 마지막 화살은 누가 맞을까? 교사인 우리는 아이를 1~2년 만나면 되지만 말이다.

두려움이 교육을 압도하는 교실

학교 이동 관련하여 어느 부장 선생님과 통화한 적이 있다. 내가 있는 지역으로 학교를 옮길까 하는데 학부모 민원이 적은 곳이 어디인지 물었다. 그분은 경력도 적지 않을 뿐 아니라 능력도 있는 선생님이다.

부장 선생님이 지인 이야기를 하셨다. 학급에 심한 욕을 하는 아이에게 야단을 쳤더니 엄마로부터 우리 애한테만 왜 그러냐는 항의 전화를 받았단다. 그때부터 아이가 욕을 하거나 문제 행동을 해도 모른 척하자고 다짐한단다. 부모가 어떤 이유를 대면서 아동학대로 걸지 모르기 때문에 긴장된다는 말씀도 하셨단다.

위 선생님에게 교사로서의 본분과 역할을 거론하기 전에, 먼저 아동학대 예방법에 관심을 가져야 한다. 이 법을 만든 취지는 아동보호에 있으나, 교실에서 이 법은 악용되고 있다. 30명의 아이들과 하루 종일 지내다 보면 많은 일과 갈등이 일어난다. 제아무리 유명한 정신과 의사나 상담자가 와도 마찬가지일 것이다. 교실에서 일어나는 문제를 선생님과 아이들이 함께 풀고 또 새로운 하루를 맞는다. 그렇다고 교사의 아동학대를 간과하자는 말이 아니다. 말과 행동으로 학생을 학대하는 교사를 징계하는 것은 당연하다. 이와 함께 교사와 학생 간의 관계와 이를 바탕으로 일어나는 교실 상황에 맥락이 있다는 점도 고려해야 한다는 것이다. 그것을 무시한 채 하나의 장면이나 단락을 떼어놓으면 아동학대 아닌 것이 없을 정도다.

누군가 온종일 나와 학생들의 상담실 대화를 녹음한다면 나 역시 아동학대에 안 걸릴 자신이 없다. 어떤 이유로든 교사가 교실에서 학생을 가르치고 지도하는 것을 두려워한다면 교육은 불가능하다. 아동학대 예방법의 학교 적용에 대한 깊은 고민이 필요하다.

사춘기 아이를 둔
부모의 어려움

—

A는 언니와 늘 비교당했다. 엄마는 "언니는 저러는데 너는 왜 이 러냐!"는 말을 자주 하셨다. 늘 언니와 비교당하기 때문에 언니를 닮고 싶은데, 뜻대로 잘 안 되었다.

"언니는 아빠 기분을 잘 맞춰줘요. 동생과 다투고 나서 엄마한테 일러도 한 번도 내 편을 안 들어요. 절 못 믿으니까. 진짜 난 이런 애밖에 안 되는 건가? 하는 생각이 들어요."

A는 이런 식으로 자존감이 낮아졌다. 부모님께 혼나고 방에 있 으면 언니도 니가 잘못했어, 니가 이러니까 등의 잔소리를 했다.

엄마는 언니가 A와 반대 성향이라 사춘기도 무난하게 겪었고, A가 너무 말을 안 들으니까 비교하는 말을 자주 하게 되었다고 했다.

"아빠는 저를 좋아하지 않아요. 싫어하는 거 같아요. 성격이 다 른 거 같고 제가 잘해 주고 싶은데 어떻게 할지 몰라서 막막해요. 제 말투가 문제가 있고 애교가 없는 게 문제예요. 아빠에게 원하는 건 가만히 좀 뒀으면 하는 거예요. 하나를 시키고 잠깐 뒤 다시 다 른 걸 시켜요. 공부하다가 청소하다가 심부름하고."

아빠는 실제로 그랬다고 인정했다.

"(아빠) 최대한 배려하려고 하는데, 움직이지 않고 계속 말을 안 들으면 이야기를 많이 해요. 특히 정리 정돈요. 양말은 침대 위에, 속옷은 벗어 던지고. 그래서 안 될 거 같아 잔소리를 해요. 선생님께 사진을 찍어서 보여드리고 싶어요. (그러자 엄마는 A도 사생활이 있다고 하셨다) 언니는 치우려는 흉내라도 내는데 A는 정색을 하면서 흉내조차 내지 않아요. 하도 안 해서 참다 참다 제가 청소를 할 때가 많아요."

"청소해 주지 말고 보지 않으시는 게 더 낫지 않을까요?"

"(아빠 웃음) 중2병이라고 이해하려 해도 많이 힘들어요."

"(A) 엄마는 제가 아빠와 싸울 때 중재를 잘해 줘서 집안에 평화가 와요. 언니를 더 좋아하고 더 믿어요. 집에 혼자 있으면 언니는 공부하고 있을 거라 생각하고, 저는 핸드폰하고 있을 거라 생각해요."

"(엄마) 언니와는 장난도 잘 치고 편안하게 넘어가는데 A는 건드리는 걸 싫어하고 예민해요. 어릴 때부터 몸도 약했어요. 감정 기복이 좀 심해요. 욱하는 성격도 있어요. 사춘기라 아이의 반응이 별거 아닐 거라 생각하고 넘어갔는데, 아빠는 A에게 애정 표현을 많이하는데 아이가 이렇게 생각하다니."

"학교에서는 잘 지내요. 여자, 남자아이들과 두루두루 친하게 지내고요. 괜찮은 애던데요. 차분하고. 지난번 문장완성검사를 했는데 한 15분 정도 걸려서 너무 정리 잘하고 완벽하게 했단 말이에요. 이야기하면서 '아빠가 이걸 시켰다면 몇 번 정도 네 방에 왔을까?' 했더니 5번 정도라고 하더라고요."

"(엄마) 그런 면이 있어요. 아빠가 성격이 조금 급한 면이 있긴 한데, 제가 보기에도 A는 시작하는 게 너무 오래 걸려서 속이 터지게 만들어요. 아빠가 남자라 여자의 마음을 좀 모르는 측면도 있어요. 아프다고 하고 어지럽다고 해서 처음엔 꾀병인 줄 알았는데 진짜 아픈 거였어요."

"다행인 것은 아이가 자신이 힘들다는 것을 표현한다는 거예요. 감정이 왔다 갔다 하는 경향이 6학년 때 시작됐고, 중1 올라오면서 사춘기가 시작된 거라면 여자아이들은 한 1년 정도 하니까, 아빠가 한 발짝 물러나시고, 엄마가 좀 더 다가가야 할 거 같아요."

"(엄마) 그렇게 하려고 해요. 저희도 어렵네요. 학교에서는 잘하는데 집에서는 못하니…."

"아마 아이가 집에서는 사춘기를 있는 그대로 드러내면서 투정 부리고 학교에서는 잘하는 거 같아요. 집에서라도 숨을 쉬니까 다행인데 부모님은 힘드실 거 같아요. 그래도 다른 아이들의 사춘기에 비하면 A는 크게 힘든 것도 아니랍니다."

"(엄마 웃음)"

"부모님이 잘 버텨주시면 사춘기가 끝나도 아이가 건강하게 돌아와요. 학교에서도 최대한 도울게요."

사사건건 다투는 아이와 엄마

"(엄마) 초 5학년부터였던 거 같은데, 말끝마다 대들고 듣지를 않아요. 늘 엄마랑은 말이 안 통한다고 해서 물어보지도 못해요. 집에 오면 방에 들어가서 나오지도 않아요. 지난번엔 하도 소리를 지르고 대들어서 한 대 쥐어박았더니, 경찰에 아동학대로 신고하겠다고 하더라고요. 하라고 했더니 정말 112를 누르더라고요. 어떡해요. 사과했죠! 형을 키울 때는 힘들지 않았는데, B는 너무 힘들어요. 감당이 안 되네요."

"(B) 엄마랑은 정말 안 맞아요. 예민하고 걱정을 너무 많이 해요. 세상이 안전하지 않다면서 밖에 나가지 못하게 해요. 그래서 집에 있으면 게임을 많이 한다고 또 뭐라 뭐라 해요. 뭐 어떡하라는 거예요. 집에서 공부만 하라고 말해요. 형과 싸우잖아요. 그럼 꼭 저를 방으로 데리고 들어가요. 형 편을 드는 거죠. 집에서 엄마와 형 때문에 화날 때가 많아요. 혼을 낼 때는 화풀이 하는 느낌이 들고 '뭐 이 정도 갖고 너무 하는 거 아냐! 왜 나한테만 그래!'라는 생각이 들어서 억울하죠."

이 사례처럼 많은 부모가 당신들이 살아온 방식과 자녀의 모습이 너무 다르고, 요즘 아이들 특유의 반항과 공격성, 이기적인 대듦에 어안이 벙벙해진다고 한다. 화가 나서 조금만 언성이 높아지거나 공격적으로 나오면 아이는 아동학대로 신고하겠다며 으름장을 놓는다. 간혹 학교에서 학생이나 부모가 교사에게 보이는 반응과 유사하다. 실제로 부모를 아동학대로 신고하는 아이도 증가하고 있다. 학대를 받으면 신고하는 것이 맞고 그래야 한다. 문제는 그것을 협박이나 잘못을 회피하기 위한 수단으로 사용하는 데 있다.

교사들이 학교에서 아이들을 교육하고 지도하는 것이 힘든 것처럼 부모 역시 자녀를 키우는 데 고민이 많다. 학교에서 늘 정답을 찾던 어린 학부모일수록, 자녀를 처음 키우는 학부모일수록 요즘 자녀를 이해하기 어렵다. 그런 까닭에 유명한 상담가나 의사의 말을 더 찾고 신뢰하는 것이다. 그러나 그것 역시 답이 아님을 알게 된다. 우리 아이는 일반적인 아이로 TV에 나오는 극단적인 상황과 비교하기 어렵다.

자녀를 걱정하는 부모를 만나면, 학생들의 바른 성장을 고민하는 교사의 고민과 일맥상통함을 느낀다. 아이를 성장시키는 데 정답이 있으면 얼마나 좋겠는가! 수많은 이론과 전문가는 자녀와 학생의 일부분을 이해하는 데 도움이 될 뿐이다. 살아 있는 존재인 아이들과 맞닥뜨리는 것은 부모와 교사이다. 그러므로 협력하여 아이의 성장을 도와야 한다. 많은 부모가 교사에게 적대적이지 않은 것처럼, 많은 교사가 내 아이를 부정적으로 또는 틀리게 보지 않는다. 부모에게 자녀에 대한 교사의 말을 있는 그대로 들을 용기를, 교사에게 학생에 대한 부모의 의견을 담담히 받아들일 자신감을 드리고 싶다.

교사의 전문성을
인정하지 않는 학부모

—

늘 수업 참여 안 하고 다른 행동을 하는 게 일상인 아이, 다음 수업 준비도 안 하는 것은 당연하고, 수업 중 돌아다니거나 모둠 활동을 할 땐 자기주장을 강하게 내세운다. 쉬는 시간에는 친구와 다툰다. 참다 참다 학부모에게 연락했더니, 알겠다고는 했으나 큰 변화는 없다. 사실 연락하고 싶지 않은데 안 하면 안 했다고 뭐라 할까봐 연락하는 경우도 있다. 그러다가 어느 날 학부모로부터 연락이 왔다.

"선생님은 왜 우리 아이에게 맞는 지도를 못 하세요? 상담소장은 우리 아이 몇 번 보고 어떻게 할지 아는데, 왜 선생님은 교육 전문가면서 그렇게 안 될까요?"

이 학부모가 범한 오류는 담임의 전문적인 역할과 상담 전문가의 영역을 같다고 생각한 것이다. 담임은 교실에서 보인 학생의 심리 행동 특성에 대해 객관적으로 정보를 제공했으며, 이에 대한 치료는 상담자의 역할이다.

상담교사인 내가 생각하기에 학교 상담만으로 충분히 가능한 아이가 있다. 설명을 해도 계속 전문가는 어떠냐고 묻는다. 그러면 "네. 어머니! 그렇게 하세요."라고 말한다. 치료는 원하는 곳에서 자기와 맞는 사람과 하는 것이 좋다. 위클래스에서 상담을 시작할 때도 '나와 잘 맞지 않으면 상담을 멈춰도 된다'고 말하고, 외부 기관을 소개할 때도 '마음에 들지 않으면 개의치 말고 다른 분으로 하시라'고 안내한다.

교사의 전문성을 인정하지 않는 느낌을 받는 건 담임교사도 마찬가지다. 학교에서 문제 행동은 특별한 경우가 아니라면 담임이 가장 잘 알 수 있다. 심리학적이거나 정신의학적인 용어는 모르지만, 아이가 보이는 문제를 객관적으로 또는 직관적으로 파악한다. 그런데 자녀가 보이는 행동을 학부모에게 말했을 때 전문성을 의심하는 눈초리를 보인다. 이는 교사의 문제라기보다 부모의 문제이다. 자신 잘못이 아니라는 저항, 내 아이는 안 그런데 당신이 잘못 봤다는 오류 등이 많다. 기분 좋은 일은 아니지만, 개의치 않았으면 좋겠다.

2022년 경기도교육연구원 학부모-교사 신뢰 관계란 주제로 실시한 연구에서 교사가 학부모를 신뢰하는 것보다 학부모가 교사를 더 신뢰하는 것으로 나타났다. 이 결과를 보고 난 좀 놀랐다. 언론에 나오는 여러 가지 사건을 보면 학부모가 교사를 더 불신할 것 같은데 의외였다. 신뢰하는 상황을 살펴보면, 교사는 학부모가 '자신의 의견과 제안을 받아들이고 유능한 선생님으로 존경할 때', 학부모는 교사가 '자신의 의견과 제안을 잘 받아들이고 자녀 문제에 대한 의논을 기꺼이 받아들일 때'라고 답하였다. 여기서 생각해 봐야 할 것은 학부모와 교사 모두 상대방이 자신의 의견을 수용할 때 신뢰한다는 점이다. 적나라하게 말하면, 각자 내 의견을 받아들이

길 희망하는 것이다.

연구에서 학부모가 기대하는 좋은 교사상은 부모 각자의 생각에 따라 다르지만, 많은 경우 교사가 자신을 협력하고 소통하는 파트너로 인정해 주길 원한다. 특히, 자녀에 대해 스스럼없이 이야기 나누길 희망한다. 반면, 교사는 학부모가 자신을 교육 전문가로서 전문성을 존중해 주기를 바란다. 또한 자녀의 입장과 이익에만 초점을 맞춰 교사를 공격하거나 비난하는 학부모를 믿지 못한다. 요컨대, 학부모들은 자녀에 대한 교사의 각별한 관심을 원하는 반면, 교사들은 학부모가 자녀 개인이 아닌 전체 학생 중 한 명임을 수용하고, 자녀에 대한 교사의 전문성을 인정해 주기를 바라는 것이다. 이처럼 출발이 다른 두 그룹에게 필요한 것은 상대방 입장 이해를 위한 지속적인 소통과 대화와 최근 달라지고 있는 학생 심리 행동 특성에 대한 교육이다.

학부모들은 TV에 나오는 정신과 의사나 상담자가 담임보다 내 아이에 대해 더 전문가라고 생각할 수 있다. 실제로 심리 치료적인 면에서는 더 전문가다. 여기서 드는 의문은 전문가가 교실 속 아이의 문제 행동을 수정하거나 심리 문제를 잘 해결할까이다. 난 아니라고 생각한다. 이론과 현장은 다르다. 어떤 아이는 전문가와 잘 맞아 치료가 될 수도 있다. 하지만 경험상 그렇지 않은 아이도 많다.

많은 학부모를 만나면서 나 역시 교사의 전문성을 고민한 적이 있다. 최근 자신과 너무 다른 자녀를 어떻게 교육하고 대할지 몰라

막막해하는 부모가 많아졌다. 이들은 어떻게 할지를 끊임없이 담임과 상담교사에게 묻는다. 여러 매체에서 듣고 배운 것을 자녀에게 적용해도 해결이 되지 않는다고 하소연한다. 상담교사의 관점에서 할 수 있는 심리 행동적 이론과 상담 경험을 동원하여 부모와 함께 해결책을 찾는다. 수업과 학급 생활지도 측면에서 담임도 함께 접근한다. 서로 협의하면서 아이의 성장을 위해 최선을 다한다. 이 과정에서 교사에게 필요한 전문성은 수업 이외에 학생과 학부모의 심리 행동 특성 이해와 생활교육 능력이라는 생각이 들었다. 그러나 안타깝게도 우리는 임용 준비를 위한 시험 공부와 수업 중심의 교육과정을 더 많이 배운다. 면접도 수업 역량을 다루지, 나날이 어려워지는 학생과 학부모 특성 이해와 상담, 생활교육 관련 전문성은 다루지 않는다. 이런 구조에서는 학생의 심리 정서적 특성과 변화를 이해하고 다루며 학부모를 상담하고 컨설팅하는 능력과 전문성은 떨어질 수밖에 없다. 이 부분은 선배나 상담교사와 협업하거나 공부해야 한다.

많은 부모는 자녀의 문제를 수용하고, 학교 선생님들과 함께 문제를 해결하고 싶어 한다. 아이의 문제 행동으로 외부 상담을 받거나 정신과 치료를 받는 것만이 답이 아님을 경험한 학부모도 많아지고 있다. 여기서 교사의 전문성은 발휘될 수 있다. 우리는 다른 아이들과 살아가는 교실에서 보이는 아이의 행동, 관계 속에서 드러나는 아이의 심리적 특성에 대해 누구보다 잘 알고 있다. 교실 속 아이의 모습과 변화가 외부 상담 치료 전문가와 연계될 때 시너지가 날 수 있다. 이렇게 될 때 아이의 문제 행동은 빠르게 진정된다. 사춘기가 겹쳐 시간이 걸릴 때도 있지만, 부모가 자녀의 문제를 받아들이고 교사와 고민을 나누면 해결은 빨라진다. 결과도 긍정적이다. 자녀의 문제에 비협조적이고 방어적인 학부모와 전문성에 대한 의문으로 위축되지 말고, 교사를 신뢰하는 학부모에게 최선을 다하는 것이 바로 전문가의 모습이다.

지금도 선생님은 학부모 상담을 잘하고 있다

—

많은 선생님은 학부모 상담에 대한 부담이 있다. 문제 행동을 하는 아이 상담은 말해 무엇하랴? 선생님들은 학부모 상담 후 학생의 부적응 문제를 해결하고 학부모가 긍정적인 변화를 보이며, 결과적으로 문제가 해결됐을 때 뿌듯함을 느낀다. 많은 선생님이 학부모 상담을 자신만의 노하우로 잘하고 있다.

학교 부적응이나 문제 행동으로 학부모를 상담할 때, 아이의 장점이나 긍정적인 면을 말하고 라포 형성을 위한 유연한 분위기를 만든다. 학부모로서의 어려움에 대해 공감하고 지지하면서, 준비하고 공부한 자료를 바탕으로 학생의 문제 행동을 객관적으로 말한다. 적절한 해결을 위해 의논하면서 학부모에게, 교사 역시 자녀의 편에서 성장을 돕는 사람임을 인식시킨다. 학부모 상담을 잘하면서도 자신감이 떨어지는 건, 자기 자녀의 입장만 고수하는 학부모와 무지막지한 방법으로 교사를 대하는 부모가 증가하기 때문이다. 학부모 상담이 잘 안 됐을 때 좌절하는 교사도 있다. 내가 지금 뭐 하고 있는 건가? 허탈하고 답답하며 학생을 보고 싶지 않아 피하기도 한다. 괜찮다. 그럴 수 있다. 아이에 내한 의견을 말하는 건 나의 영역이고, 받아들이고 안 받아들이고는 부모의 몫이다. 내 탓이 아니다.

많은 어려움에도 문제 행동을 하는 아이의 학부모 상담은 의미가 있다. 자녀의 문제 행동, 지금은 약하더라도 그대로 뒀을 때 문제가 커질 수 있는 행동을 알려주는 효과가 있다. 이는 부모가 학교에서 자녀 이해와 부적응 문제를 해결하는 데 도움을 준다. 담임과의 상담을 통해 많은 학부모는 자녀의 긍정적인 변화를 위해 움직인다. 결과적으로 학생의 문제 행동이 수정될 가능성이 높아진다.

폼나는 학부모 상담을 하려면

학부모 상담을 잘하려면 먼저 학생과 학부모의 심리 행동 특성에 대한 깊은 이해가 필요하다. 특히 학생의 문제 행동으로 부모를 상담해야 한다면, 아이에 대한 공부가 필요하다. 우울한 아이면 청소년 우울에 대해, ADHD로 의심되면 ADHD의 장단점에 대해, 경계선 지능에 가깝다면 그에 대한 트렌드를 분석해야 한다. 예를 들어 과거엔 ADHD를 병리적으로만 보았지만, 최근에는 독특한 아이로 보는 시각도 많아졌다.

　문제 행동을 부모에게 말할 땐 어떤 점 때문에 담임인 내가 걱정하는지 말할 근거가 필요하다. 이를 바탕으로 학급에서 아이가 어떤 영향을 미치는지 말과 행동이 계속됐을 때 친구 관계는 어떻게 될지 염려하며 말해야 한다. 학급에서 아이가 피해를 준 일거수일투족을 나열하지 말고 큰 흐름을 말하는 것이 좋다. 이때 간과하지 말아야 할 것은, 담임인 나의 특성 때문에 아이의 행동을 부정적으로 볼 수도 있다는 점이다. 우리가 틀릴 수도 있다. 조용한 것을 좋아하면 시끄러운 아이가 불편하고, 완벽하고 빠르게 일을 처리해야 하는 타입이면 느리고 대충대충 하는 아이를 견디기 어려울 것이다. 이 아이들이 문제라기보다는 담임과 기질이 안 맞는 것이다.

　다음으로 대화하는 능력과 기술이 필요하다. 하루아침에 이뤄지는 것은 아니겠지만 의외로 간단하다. 문제 행동으로 학부모가 방문했을 때도, 아이가 가진 장점을 먼저 말해 주면 좋다. 이를 바탕으로 학부모의 신뢰를 얻는 것이 중요하다. 문제만 나열하면 나 같아도 기분이 나쁘고 반감이 생길 것이다. 이러한 노하우는 선배 교사로부터 배우는 것이 좋다. 이런 걸 물어보는 것이 내가 전문성이 없는 교사인 것 같아 망설여진다면 그건 오해다. 선배들은 오지랖 넓다고 할까 봐, 꼰대라고 할까 봐 오히려 섣불리 가르쳐주지 못하는 면도 있다. 절대적인 건 아니지만, 학부모 상담 노하우는 경력에 비례하고 자녀를 키워본 교사가 좀 더 잘 공감한다.

마지막으로 학부모는 선생님을 야단치거나 선생님이 자녀를 바라보는 시각을 고쳐주러 온 사람이 아니다. 아이 교육에 대한 적절한 지도와 조언이 필요하다. 그런 이유로 결혼은 했는지 아이를 낳았는지 물어보는 것이다. 도움을 받고 싶어서. 많은 학부모는 선생님이 자녀를 어떻게 대하고 바라보는지 관심이 있다. 처음부터 자녀의 문제에 대해서 증거를 들이대면서 말하면 부모 역시 선생님께 야단맞는 느낌이 든다. 들을 준비가 되면 선생님의 걱정을 부모와 나누는 것이 좋다. 선생님 역시 그 아이가 걱정돼서 부모 상담을 요청한 건데, 많은 선생님이 아이의 문제와 치료를 강조하다 보니 아이를 염려하는 마음은 묻혀버린다. 선생님이 아이를 걱정하고 장점을 바라보고 있다는 것을 꼭 말해야 한다. 가끔 자녀를 부정적으로 바라보는 부모를 만날 때도 있는데, 그 시각은 바로잡아줘야 한다. 너무 주눅 들 필요는 없다.

기다리기 어려운 교사, 느긋한 교사

"학생도 그렇지만 학부모 상담을 해보면, 시간이 필요할 때가 많더라고요. 어떤 부모는 아이의 특성이나 문제에 대해 말했을 때 바로 공감하면서 해결에 나서고, 또 다른 분은 가만히 듣고 있다가 엉뚱한 소리를 하거나 고집을 부리기도 해요. 처음 상담할 때는 강하게 거부하다가 한두 번 더 말하면 수용하는 부모도 있고, 1년 동안 안 받아들이는 부모도 있어요."

이는 성향의 차이일 수도 있고, 속도의 차이일 수도 있고, 부모의 심리 행동적 특성 때문일 때도 있다. 선생님들도 문제 해결에 대한 속도가 저마다 다르다. 성격이 급하여 기다리기 어려워하는 성향이 있는 반면, 아주 느긋하게 느린 속도를 가진 교사도 있다. 상황에 따라 빠를 땐 빠르고 느릴 땐 느리면 좋겠지만, 하루아침에 되는 것은 아니다. 경력이 쌓이고 많은 학생과 학부모를 만나다 보면 적재적소에 느림과 빠름을 조율할 수 있다. 그러니 본인의 모습에 너무 속상해하지 마시길 바란다. 한편으로 빠른 교사는 느린 아이에겐 현실 적응력을, 느린 교사는 빠른 아이에게 여유로움을 배울 기회를 제공할지도 모른다.

교사 A - 성격이 급해서 아이들을 잘 기다려주지 않아요. 질문을 하고 학생이 답하기까지 기다리기 어려워요. 학급에서 아이들에게 무언가를 지시했을 때도 결과가 금방 나오길 바라게 돼요. 시간이 지났는데 반응이 없으면, 학생들에게도 '빨리 하라'고 다그치거나 아이들을 몰아붙여요. 아이마다 속도가 다르다는 것을 머리는 이해하는데, 진도에 쫓기는 기분이 들어 딴짓하는 아이들을 닦달하기도 해요. 뒤처지는 꼴을 보지 못해 재촉하고, 어떤 일이든 빨리, 깔끔하게 끝내야 직성이 풀려요. 통신문을 제때 내지 않거나 청소를 빨리 제대로 하지 않으면 왜 저러나 싶어 한심하게 바라보기도 해요. 한편, 업무에서는 일을 미리 처리하다 보니 허둥지둥하는 일이 별로 없어요. 그래서 윗사람의 신임을 받아요.

교사 B - 성격이 느긋하지 못하고 급해요. 특히, 문제 학생들과 이야기할 때 화를 가라앉히고 말하면 좋은데 참다가 안 되면 소리를 질러 싸하게 만들어버려요. 사실 확인도 하지 않고 야단을 쳐서 반 아이와 싸운 적이 몇 번 있어요. 반항의 이유를 생각해 보고 시간이 지난 후 아이와 이야기하면 이해할 수 있을 텐데 그게 쉽지 않더라고요. 고쳐야 한다는 생각은 하지만 어려워요. 급한 판단으로 실수도 자주 하고, 오해도 많이 생기는데, 그럴 땐 학생에게 미안하다고 사과하고 나 자신도 반성해요. 근데 장점도 있어요. 아이들의 문제를 빨리 해결하여 학급을 빨리 안정시키거든요. 다른 문제는 학생의 생각을 다 아는 듯한 말투와 행동을 하는 거예요. 학생의 말을 듣고 생각을 정리해서 천천히 조언하는 것이 좋겠으나 앞서가요. 내 생각이 틀리기도 하지만, 자주 내 예상이 맞아떨어지기 때문에 멈추지 못하는 거죠.

교사 C - 담임으로서 순간적으로 결정해야 할 일임에도, 우유부단해서 결정을 내리지 못해요. 결정할 때 학생들의 의견을 듣고 선택권을 줘요. 아이들 제각각 의견이 달라 서로 말다툼이 벌어져요. 이러다 보니 시간이 너무 많이 걸리고 불평불만도 많아요. 내가 카리스마 있게 뭐든지 결정할 수 있는 사람이면 얼마나 좋을까? 하는 생각을 자주 해요. 이렇게 판단을 내리지 못해 괴로운 나와는 달리 아이들은 자기의 말을 잘 들어주고 의견을 존중해 준다고 말하더라고요. 업무도 최대한 늦춰서 하려 해요. 처리를 하지 않는 것이 아니라, 시기를 놓치는 거예요. 여유롭게 하고 싶어서 그래요.

교사 D - 나를 가장 힘들게 하는 것은 우유부단함이에요. 동료 교사의 방식이 좋으면 그대로 따라 하게 돼요. 선배 교사의 조언과 의견이 서로 상충하면, 고민하는 시간이 더 늘어나요. 하나의 답을 줬으면 좋겠어요. 머뭇거리는 이유는 학교 일을 할 때 주변의 시선을 너무 신경 쓰기 때문인 것 같아요. '일을 이렇게 할까? 저렇게 할까?' 하는 것뿐만 아니라 '이렇게 하면 사람들은 뭐라고 할까?' 고민에 고민을 거듭하므로 결정을 내리기 정말 힘들어요. 정해진 것도 다른 사람의 조언에 따라 바꿀 때가 있어요. 결과가 좋지 않으면 내 생각대로 할 걸, 내 방향대로 하면 더 좋았는데 하고 후회해요.

교사 E - 새로운 일을 결정하거나 선택할 때 시간이 아주 오래 걸려요. 혼자 생각을 너무 많이 해요. 시간이 지나면 별것 아닌데, 당시에는 지나칠 정도로 생각을 많이 해요. 이러다 보니 스트레스를 받고 소진돼요. 다만 실수하는 횟수는 확실히 줄어들긴 해요. 너무 느긋하고 여유롭다 보니 교과 진도가 아주 늦어요. 대신 꼼꼼하게 아주 천천히 가르쳐요. 뒷일은 생각하지 않고 느긋하게 게임하고, 아이들이 좋아하는 수업 활동 하나도 빼지 않고 다 하고 있어요. 그 덕분에 학기 말, 학년 말은 죽음이죠. 뭐.

담임교사의 부적응 학생
부모 상담 이야기

—

연구년이었을 때, 개인연구와 별도로 6명의 팀 선생님과 학교 부적응 학생 부모 상담 경험에 관한 공동 연구를 했다. 초·중·고등학교 담임교사 14명을 대상으로 그룹 심층 면담(FGI)을 녹취하고 면담 기록은 합의적 질적 연구로 분석하였다. 초·중·고 선생님이 경험하는 내용은 비슷했다. 부적응 학생 부모 상담으로 어려움을 겪는 담임 선생님에게 조금이나마 위로와 지지가 되기를 희망하면서 결과를 소개한다.

시작하는 질문으로 "학부모 상담을 생각하면 어떤 단어가 떠오르나요?"라고 했더니 14명 선생님 모두 '부담스럽다'로 답했다. 다음으로 학부모 상담이 필요한 학생 부적응 문제를 물었을 때, 많은 선생님이 친구 관계 어려움과 학급에 피해를 주는 행동 그리고 학생의 정신적인 문제라고 답했다. 교우 관계에 대한 어려움은 초·중·고가 비슷한 반면, 학교급이 올라갈수록 정신적인 문제로 인한 학부모 상담이 많아졌다. 부적응 학생 부모 상담 전 부모의 부정적인 반응이 걱정되고 부담스럽다는 선생님이 가장 많았다. 아이의 문제 행동에 대해 수용하지 않는 학부모 경험이 많아서인 것으로 보였다. 이와 함께 우울증이나 ADHD 등 검사나 치료를 권유하는 것이 조심스럽다는 의견이 많았다. 학부모의 병원 치료에 대한 거부감과 전문 지식에 대한 부족을 염려하고 있었다.

- 기분 나쁘게 들으면 어떡하지? 내가 이 말을 했을 때 약간 '뭐 어쩌라고' 라는 식의 반응이 나오면 어쩌지? 그 고민을 먼저 해요.
- 한 번도 편하게 상담을 해본 적은 없었던 것 같아요. 엄마가 어떻게 받아들이실지 모르니까. 내 눈에는 분명 ADHD인데, 그걸 말하면 오히려 화를 내시면서 '우리 아이를 문제아로 보냐'와 같은 식으로 나오니까, 저는 사실 매번 망설여져요. 매번.
- 누가 봐도 상담이 필요한 아이고, 상담을 받으면 괜찮아질 것 같은데, 그 말을 제가 직접 하기가 항상 어려운 것 같아요.
- 약간 부담스럽고, 연차가 낮다 보니까 학부모님께서 지를 평가할 것 같은 생각이 많이 들어요. 저는 그런 걸 들키고 싶지 않은 마음이 좀 큰 것 같고요.

학부모 상담 중 겪는 어려움은 예상하는 것처럼, 자녀의 부적응 행동을 인정하지 않고 비협조적인 태도로 일관하는 학부모이다. 면담에 참여한 거의 모든 교사가 자녀의 문제를 인정하지 않는 부모로 인한 어려움을 호소하였다. 나아가 학생을 객관적으로 바라보는 교사의 전문성마저 의심하는 학부모의 공격적인 방어는 교사에게 상처로 남는다.

- 솔직하게 말씀을 안 하시고 자꾸 감추려 하고 방어적으로 얘기하시고. '여기까지만 해야지' 했는데 그 이상 말하면 안색이 변한다든지, 그럴 때 벽을 느끼죠.

- 어느 정도 이야기를 했다고 생각했는데, 나중에 학부모님께서 '그건 알겠는데 우리 아이의 잘못은 차치하고, 우리 아이가 받은 피해는 어떻게 하냐?'라는 식으로 말해요. 갑자기 자기 자녀가 당한 피해 중심으로 이야기하는 거예요.
- 다 듣고 나서 하는 말이 '아니 근네, 그런 문제에 대해서 지금 자기 혼자 불러놓고 자기를 공격하는 거 아니냐'고. 그러면서 '나는 교감 만나겠다'고 굉장히 공격적으로 나오는데, 기분이 언짢더라고요.

학부모 상담으로 인한 상처는 학생을 소극적으로 지도하거나 회피하는 원인이 된다. 충분히 이해되지 않는가? 학부모가 그러면 아이도 보고 싶지 않다. 물론 1년 내내 이어지진 않지만. 심할 경우 학부모와 소통을 그만두고 상담을 중단하기도 한다.

- 받아들이지 않으면 저 또한 그냥 전달만 하고 상황만 알려드리는 것뿐이고, 더 이상 안 했던 것 같아요. 애는 계속 보고 있고, 담임으로 할 건 했으니까.
- 예전에 한 번은 그 학부모가 전화해서 쏘아붙이듯이 한 적이 있었거든요. 저도 화내면서 끊어버리고 다시 연락을 안 받은 적도 있었어요.
- 그냥 포기하는 거죠. 아예 받아들이지 않는다면. 그런 상황이 되면 전화나 상담이 와도 잘 안 하는 것 같아요. 받아들이지 못하는 건 그 학부모님 몫이니까요. 저는 단호하게 말해요. 당신이 해결하시라고.

교사들은 학부모 상담으로 인한 스트레스를 동료 교사에게 하소연하면서 풀거나, 허탈한 마음을 스스로 다독이기도 하였다. 혼자 다독이는 선생님들도 있었다.

- 동료 선생님들이 잘 말씀해 주실 때 마음이 풀리지, 다른 방법은 없는 것 같아요. 저희들만의 토크로 서로의 애로를 공유하고 '아휴~' 하면서 나눔을 하는 거죠. 경험과 아픔을 나누면서.
- 좋은 일로 학부모를 만나는 경우는 거의 없잖아요. 그래서 만남 이후에는 분명히 나를 내가 다독거려야 해요. 상담하고 나서 상처받은 제 마음은 어떻게 극복이 안 되더라고요. 다 힘드니까 내 짐을 덜어드리고 싶지도 않아요.

많은 어려움에도 교사들은 자신만의 노하우와 장점을 발휘하여 학부모 상담에 최선을 다하고 있었다.

- 담임을 좀 하다 보니까 학부모님들께서 듣고 싶어 하는 말이 대강 무엇인지 느낌적으로 알겠더라고요. 그래서 학생들이 학교생활에서 잘 적응하고 있는 모습이라든가, 장점이 어떤 부분인지 이야기하면 분위기가 조금 유해지더라고요.
- 엄마가 '선생님도 나처럼 아이를 같이 걱정하고, 앞으로 긍정적으로 변화시키는 데 진심이구나.' 생각하면 '그럼 선생님 어떻게 해야 할까요?' 하고 물으면서 '전적으로 선생님한테 맡기겠습니다.'라고 해요.

- 저는 접근할 때, 이제 약간 엄마 같은 생각? 내 자식이면 학교에서 어떻게 해줬으면 좋을까? 이럴 때 엄마 마음은 어떨까? 부모님 마음은 어떨까? 이런 생각을 해보면 그 부모님과 대화가 되는 것 같더라고요.

    학부모 상담이 성공했다고 여겼을 때를 묻는 문항에서 학생의 부적응 문제가 해결되었거나 학생과 학부모의 관계가 개선되었다는 답변이 있었다. 반면 1년 동안 아무 문제 없이 무사히 지나간 것이 성공이라는 답변도 있었다. 마음 아픈 답은 성공이라고 느낀 적이 없다는 것이었다. 실패했다는 생각이 들면 자신이 무엇 때문에 상담하고 그렇게 애를 썼는지에 대한 허탈함, 답답함이 든다고 하였다.

    연구 참여 교사들은 최근 학교 부적응 학생의 심리 정서 문제에 대한 치료 거부로 학부모와 교사의 갈등이 증가하는 상황을 염려하였다. 이 문제를 해결하기 위해 학생과 학부모를 위클래스와 유관 기관으로 연계가 필요함을 말하였다. 특히, 힘든 학부모 상담에 관리자가 적극 참여해야 함을 강조하였다. 아울러 학부모 상담 경험을 동료 교사와 나눌 기회가 확대되길 희망하였다.

- 교감 선생님이나 상담 선생님이 항상 같이 있는 게 기본적인, 상담은 원래 그렇게 한다라는 기준이 있었으면 좋겠어요.
- 우리 학교 같은 경우 교장 선생님과 함께 만나는 것이 좋은 방법이었던 것 같아요. 어느 상황 이상이 됐을 때는 학년 부장님, 교장 선생님, 학부

모, 담임, 이렇게 전체적으로 만나서 대화를 나누는 거죠. 1대 1일 때는 교사의 너무 상처가 큰 것 같아요.

- 부적응 학생 학부모 상담을 했는데 '왜 우리 애만 미워해요, 선생님 너무 하시는 거 아니에요?'라고 할 때, 교장, 교감 선생님이 함께 대응해 주신다면 담임이 훨씬 더 마음 편히 아이들을 관리할 수 있을 것 같아요. 학부모들이 받아들이는 것도 다를 것 같고.

- 교사에 따라 다소 차이가 있긴 하지만, 대부분 학부모 상담에 대해서, 특히 부적응 학생 부모 상담에 대해 부담스러워해요. 요즘은 좀 더 심해진 것 같아요. 이러니 교사들이 학부모 상담을 안 하려고 하죠.

생각 나누기

학부모의 선택에 대한 거리 두기

학부모 상담을 할 때 어려운 점은 학생을 바라보는 담임과 학부모의 시각 차이가 클 때이다. 담임은 학급 내에서 아이가 보이는 심리 행동 특성에 대해 말하는 반면, 엄마는 집에서 아이가 보이는 말과 행동에 초점을 맞추기 때문이다. 다른 이유는 학교에서도 아이가 잘 지낸다는 말을 듣고 싶어 하는 부모와 문제를 빨리 치료하는 것이 낫다는 담임의 마음이 상충하기 때문이다. 서로의 마음을 깊이 들어가 보면 아이를 걱정하는 마음은 같다. 그러므로 학부모 상담을 할 때는 되도록 부모와 담임, 상담교사가 함께 자리를 만드는 것이 좋다.

상담교사인 나는 부모를 공감하고 아이의 심리 행동적 특성을 말하고, 담임은 학급에서 보이는 아이의 행동 특성에 대해 말한다. 이를 통해, 학부모는 아이의 심리 행동적 특성과 학급에서 모습을 이해하고, 담임은 심리 행동 특성과 집에서의 아이 모습을 수용하게 된다. 결과적으로 담임과 학부모가 아이를 객관적으로 바라보고, 서로를 이해하게 된다. 아이의 문제 행동에 대한 대처도 빨라진다.

학부모 상담이 어렵지만 선생님들이 용기를 내셨으면 좋겠다. 문제가 많은 자녀의 성장 동반자로 담임을 인정하지 않은 부모들도 많지만, 또 많은 부모는 담임을 신뢰하고 자녀의 심리 행동적 변화에 대해 조언을 듣고 싶어 한다. 담임인 내가 하는 말이나 객관적인 자료마저 거부하는 학부모가 있다면, 상처받을 필요가 없다. 아이의 심리 정서적인 문제에 대해 의견을 제시하는 것은 교사인 우리의 역할이고, 그것을 받아들이고 안 받아들이고는 엄격하게 말하면 부모의 몫이다. 많은 아이를 겪은 우리에게 보이는 그 아이의 미래가 부모에게는 안 보일 수 있다. 여기서 필요한 것은 교사인 우리의 의견과 학부모의 수용과 선택에 대한 거리 두기다. 그 가운데 낀 아이와도 거리를 둘 건지, 아니면 그 아이에게만이라도 최선을 다할 건지를 선택해야 한다. 대부분의 교사는 할 수 있는 모든 방법으로 아이를 돕고자 한다. 그러나 어떤 상황에서는 아이에게 최선을 다하려는 교사의 마음과 노력을 좌절시키거나 거부하는 부모도 있기 때문이다.

에필로그
Epilogue

40대 초반의 늦은 나이에 대학원에서 심신 치유라는 학문을 접하며 개인의 몸과 마음에 대해 조금씩 알기 시작했다. 주로 내가 왜 고통받는지, 고통에서 벗어나기 위해 무엇을 해야 하는지, 나 자신을 치유하고 성장시키기 위해 무엇이 필요한지를 배웠다. 회사 생활에서 겪은 스트레스와 힘듦을 정화하고 내려놓는 행복한 시간이었다.

이 무렵 새롭게 접한 것이 회복적 정의라는 것이었다. 회복적 정의는 많은 생각을 하게 했다. 나 혼자 고통에서 벗어나 행복한 것이 아니라, 공동체에 속한 나이기 때문에 공동체와 함께 성장해야 함을 고민하기 시작했다. 회복적 정의를 넘어 회복적 생활교육, 갈등 해결 등으로 영역을 확장하면서 공부했다. 그중 가장 관심이 갔던 것은 이전과 달리 갈등은 증가하는 반면, 갈등을 해결하는 능력은 떨어진다는 점이었다. 또한 갈등 해결 방법이 예전과는 많이 달라졌다는 점도 알게 되었다.

공동체에 속한 누군가가 나에게 피해를 입혔을 때, 내가 누군가에게 피해를 주었을 때, 나는 어떻게 해왔지? 학창 시절을 떠올려 보면, 내가 피해를 받았을 땐 상대방이 벌 받기를 원했고, 내가 잘 못했을 때도 벌을 받았던 기억이 있다. 그땐 단순히 그게 맞다고 생각했다. 피해자가 받았을 상처는 생각하지 못했고, 가해자였을 때 벌 받는 것으로 잘못을 퉁쳤다. 자연스럽고 익숙한 이 방식이 응보적 정의이며, 나와 상대방의 피해 회복과 자발적 책임을 우선으로 하는 회복적 정의가 있다는 것이 놀라웠다.

그래서 회복적 정의와 갈등 조정을 좀 더 깊이 공부했다. 처음으로 학생들에게 갈등 조정을 시도했던 기억이 떠오른다. 학생들이 학교 안에서 겪고 있는 갈등이었다. 서로의 입장과 욕구를 확인하고 이해하는 과정을 거쳐 자발적 책임, 재발 방지 약속과 이행을 위한 대화 모임이었다. 첫 번째 도전에서는 학생들의 갈등을 잘 해결했다는 기쁨보다 아이들의 속마음을 제대로 풀어주지 못했다는 안타까움이 더 컸다. 경험과 기술 모두 부족했던 것이다. 그래서 회복적 경찰 활동과 학교폭력 갈등 조정 지원단으로 활동하면서 학생들을 많이 만났다. 학교에서 발생하는 학교폭력은 관계 갈등이 대부분이라 아이들을 위한 갈등 조정이 꼭 필요함을 느꼈던 시간이었다. 기술과 노하우는 공부 모임과 동아리에서 점점 깊어졌다. 열심히 한 덕분에 지금 교육지원청에서 관계 회복을 위한 갈등 조정 전문가로 활동하고 있다.

최근 학교에서 발생하는 갈등, 아무리 사소한 다툼이라도 학교폭력의 법적인 처벌만 강조하는 모습을 본다. 절차상으로 어쩔 수 없지만, 아이들과 학부모, 교사의 대화가 사라지고 있는 것은 안타깝다. 갈등 조정과 관계 회복을 위한 대화를 할수록, 학생들과 학부모, 선생님을 만날수록 학교폭력은 단순히 처리해야 할 사건이 아니라 교육적 차원에서 접근해야 한다고 생각한다. 성장 단계에 있는 아이들에게 갈등을 해결하는 방법을 가르칠 필요가 있고, 관계 속에서 자신의 말과 행동을 객관적으로 바라볼 필요가 있지 않을까? 학부모 역시 내 자녀라는 좁은 틀 속에서 조금은 확장된 생각으로, 학교에 소속된 자녀를 바라보면 좋겠다. 교실 속 내 아이의 모습을 가장 잘 아는 선생님의 말씀에 귀 기울이기를 바란다.

학교폭력이라는 다소 무거운 장면임에도 대화 모임에서 아이들이 보이는 발랄함과 유쾌함, 그리고 웃음은 희망을 갖게 한다. '정말 왜 저래?' 하는 애들도 꽤 바른 생각을 하고 있음에 놀란다. 갈등 조정이나 관계 회복 과정이 힘들지만, 아이들을 만나는 이유다. 학교가 아이들과 선생님에게 행복하고 즐거운 장소가 되었으면 좋겠다. 이 책이 지금도 학교에서 아이들과 좌충우돌 고생하시는 선생님들께 조금이나마 도움이 되길 바라는 마음을 담아.

고흥락

참고 문헌

• 경기도교육연구원(2022). 우리가 몰랐던 학부모-교사 신뢰 관계. 교육시선 오늘 2022년 8호. 통권 95호.

• 권석만(2000). 우울증. 학지사.

• 라라 호노스 웹(2007). ADHD 아동의 재능. 양돈규, 변명숙 옮김, 시그마프레스.

• 민형배, 이한주(2016). 강박성 성격장애. 학지사.

• 반건호(2022). 나는 왜 집중하지 못하는가?. 라이프앤페이지.

• 신형균, 김진숙(2016). 주의력결핍과잉행동장애. 학지사.

• 이문용, 배용순(2020). 청소년 자해 관련 국내 연구 동향. 학교사회복지 Vol. 50. 53-78.

• 이주영(2010). 어린이 심리학. 지식프레임.

• 이주영(2013). 선생님도 모르는 선생님 마음. 즐거운학교.

• 이주영, 고흥락(2018). 회복적 생활교육을 위한 교실 상담. 지식프레임.

• 이주영(2024). 담임교사의 비자살성 자해 학생 대응 경험에 관한 사례 연구. 경기교육모아 연구년 교육자료(개인 연구).

• 교육연구 1-3(2024). 담임교사의 학교 부적응 학생 부모 상담 경험에 관한 질적 연구. 경기교육모아 연구년 교육자료(공동 연구).

• 평화교육훈련원(2017). 회복적 생활교육 워크숍 자료집.

• 리 캐롤, 얀 토버(2003). 인디고 아이들. 유은영 옮김. 샨티.

• 케이프라니스(2012). 서클 프로세스. 강영실 옮김. KAP.

• American Psychiatric Association(2013). Diagnostic and statistical manual of mental disorders-5th edition(DSM-5). Washington. DC: Author.

• Black, Donald W. & Grant, Jon E.(2018). DSM-5 가이드북. 강진령 옮김. 학지사.

• W.휴 미실다인(2006). 몸에 밴 어린 시절. 이석규, 이종범 옮김. 가톨릭출판사.

교사와 학부모 그리고 아이들

1판 1쇄   2025년 4월 5일
지은이   이주영 · 고흥락

펴낸이   윤을식
펴낸곳   도서출판 지식프레임
출판등록   2008년 1월 4일 제 2023-000024호
전화   (02)521-3172
팩스   (02)6007-1835
이메일   editor@jisikframe.com
홈페이지   http://www.jisikframe.com

ISBN   979-11-982213-9-1 (03370)